瑜伽經
白話講解

☆☆☆ 獨存篇 ☆☆☆

（瑜伽大師斯瓦米韋達梵文原音逐字誦讀線上聽）

斯瓦米韋達・帕若堤（Swami Veda Bharati）／著　石宏／譯

印度瑜伽大師斯瓦米韋達親授及導讀
解說悉地的由來，心地的業、心印與習氣，剎那生滅論、唯識論的謬誤，
本我與心地之關係，以及終極的獨存境地
繼《瑜伽經白話講解・三摩地篇、行門篇、必普提篇》後，解譯完結篇

☆☆☆

हिरण्यगर्भादारब्धां शेषव्यासादिमध्यमाम्
स्वामिश्रीरामपादान्तां वन्दे गुरुपरम्पराम्

स्वामी वेद भारती

योगः समाधिः

YOGA IS SAMADHI

瑜伽即三摩地

譯者按，前頁是斯瓦米韋達以梵文譜寫的一首頌禱文，屬於32音節的調性。所頌禱的對象是喜馬拉雅瑜伽傳承一系列上師所形成的法脈之流，禱文音譯成羅馬拼音及中譯如下：

> hiraṇya-garbhād ārabdhāṁ śheṣha-vyāsādi-madhyamām.
> svāmi-śhrī-rāma-pādāntāṁ vande guru-paramparām.
> 始於（光和上師靈之）金胎藏，中有栖舍（帕坦迦利）、威亞薩等宗師，
> 後傳至室利斯瓦米拉瑪足下，於此（綿延不絕之）上師傳承，吾稽首。

頁面下方是國際喜馬拉雅瑜伽禪修協會（Association of Himalayan Yoga Meditation Societies International）的會標。該協會由斯瓦米韋達所創建，簡稱爲「AHYMSIN」，旨在結合全世界喜馬拉雅瑜伽傳承的同修，爲發揚斯瓦米拉瑪所闡述的喜馬拉雅瑜伽之道而努力。會標內的文字爲《瑜伽經》對瑜伽的定義：瑜伽即三摩地。

目次

《瑜伽經》第四篇「獨存篇」綱目

◎悉地的由來

IV.1 janmauṣadhi-mantra-tapaḥ-samādhi-jāḥ siddhayaḥ

出生、藥物、咒語、苦行、三摩地生起悉地。

IV.2 jāty-antara-pariṇāmaḥ prakṛty-āpūrāt

以前因流注而轉異類。

IV.3 nimittamaprayojakaṁ prakṛtīnāṁ varaṇabhedastu tataḥ kṣetrikavat

非以外力推動前因，而似農以彼通淤。

◎心地

瑜伽士的化心

IV.4 nirmāṇa-cittāny asmitā-mātrāt

以唯我生諸化心。

IV.5 pravṛtti-bhede prayojakaṁ cittam ekam anekeṣām

於異行，一心控多。

關於業、心印、習氣

IV.6 tatra dhyānajam anāśayam

其中，由禪定而生者無殘心印。

IV.7 karmāśuklākṛṣṇaṁ yoginas tri-vidham itareṣām

瑜伽士之業行非白非黑，他人三種。

IV.8 tatas tad-vipākānuguṇānām evābhivyaktir-vāsanānām

以彼等之故，唯依業熟顯現習氣。

IV.9 jāti-deśa-kāla-vyavahitānām apy-ānantaryaṁ smṛti-saṁskārayor eka-rūpatvāt

因記憶與心印相同故，縱有出生、地域、時間之分亦無礙。

IV.10 tāsām anāditvaṁ cāśiṣo nityatvāt

因期盼無盡故，彼亦無始。

IV.11 hetu-phalāśrayālambanaiḥ saṁgṛhītatvād eṣām abhāve tad-abhāvaḥ

由因、果、依處、依緣聚集而有，此無則彼無。

時間和質性

IV.12 atītānāgataṁ svarūpato'styadhva-bhedād dharmāṇām

過去未來爲實，諸法相因時途而異。

IV.13 te vyakta-sūkṣmā guṇātmānaḥ

彼等以質性爲本，顯或不顯。

駁斥佛家理論

IV.14 pariṇāmaikatvād vastu-tattvam

轉化單一性故，對象爲實。（對象的現象）

IV.15 vastu-sāmye citta-bhedāt tayorvibhaktaḥ panthāḥ

同對象因心異故，二者分途。（確認心和對象分離）

IV.16 na caika-citta-tantraṁ vastu tad apramāṇakaṁ tadā kiṁ syāt

對象亦非有賴於心地，彼無覺知則何如。

IV.17 tad-uparāgāpekṣitvāc cittasya vastu jñātājñātam

心地依彼染色故，或知或不知對象。

IV.18 sadā jñātāścitta-vṛttayas tat-prabhoḥ puruṣasyāpariṇāmitvāt

心地之作爲其主所恆知，以本我不易故。

IV.19 na tat svābhāsaṁ dṛśyatvāt

彼非自明，以受覺故。

IV.20 eka-samaye cobhayānavadhāraṇam

且二者非可同時認知。

IV.21 cittāntaradṛśye buddhi-buddher-ati-prasaṅgaḥ smṛti-saṁkaraś-ca

若爲別心地所覺受乃布提之布提無止境錯謬，亦記憶之混淆。

本我與心地之關係

IV.22 citer-apratisaṁkramāyās-tad-ākārāpattau sva-buddhi-saṁvedanam

覺性無易移，呈彼自布提形態故知。

IV.23 draṣṭṛ-dṛśyoparaktaṁ cittaṁ sarvārtham

心地爲見者所見染，一切均爲對象。

IV.24 tad-asaṁkhyeya-vāsanābhiś-citram api parārthaṁ saṁhatya-kāritvāt

即使彼無盡色染習氣亦爲他而有，以合成作爲故。

◎獨存

斷除干擾

IV.25 viśeṣa-darśina ātma-bhāva-bhāvanā-vinivṛttiḥ

於見分別者，一己本質之思惑已停。

IV.26 tadā viveka-nimnaṁ kaivalya-prāgbhāraṁ cittam

於是，心地傾向明辨，重獨存。

IV.27 tac-chidreṣu pratyayāntarāṇi saṁskārebhyaḥ

以眾心印故，彼間隙他覺。

IV.28 hānam eṣāṁ kleśavad-uktam

彼等之斷如煩惱已說。

法雲三摩地

IV.29 prasaṁkhyāne'py akusīdasya sarvathā viveka-khyāter dharma-meghaḥ samādhiḥ

於正智亦無所執著者，由根本明辨慧故，得法雲三摩地。

IV.30 tataḥ kleśa-karma-nivṛttiḥ

於是煩惱業行停止。

IV.31 tadā sarvāvaraṇa-malāpetasya jñānasyānantyāj jñeyam alpam

到此，一切不淨之蓋已除，以知識無際故，餘知者無幾。

IV.32 tataḥ kṛtārthānāṁ pariṇāma-krama-samāptir-guṇānām

於是，質性之目的已達，依序轉化結束。

IV.33 kṣaṇa-pratiyogī pariṇāmāparānta-nirgrāhyaḥ kramaḥ

剎那所對應，於轉化終局始察覺者爲序。

終極解脫

IV.34 puruṣārtha-śūnyānāṁ guṇānāṁ prati-prasavaḥ kaivalyaṁ svarūpa-pratiṣṭhā vā citi-śaktir iti

已盡本我使命，質性回溯原形，乃獨存，且覺性力立於自性中，即此。

本書源起

《瑜伽經》一共有四個篇章。斯瓦米韋達於2006年底至2007年初，在印度學院中做過一次「瑜伽經初級班講座」，但是只講完了前三篇。一直到了2012年的11月，他才接續講第四篇。那個時候他的身體日益衰弱，又因爲他在翌年（2013）的3月要進入爲期五年的靜默期，忙著處理很多未辦事項，所以第四篇的講課只能斷續爲之，原本計畫的十二堂課縮短爲十堂，並且略過第11～24經不講。他說，這次只能講到這個程度，不足之處只有請大家等他出版第四篇的釋論了，如果他還有餘年寫作的話。

2013年3月斯瓦米韋達進入了靜默期，其後他不停地寫作，終於完成了第三篇的釋論。然而第四篇釋論的寫作，隨著他在2015年7月圓寂而告終。

譯者在2015年開始嘗試翻譯斯瓦米韋達講述的《瑜伽經》，主要是根據斯瓦米韋達的「瑜伽經初級班講座」錄音系列，其間還需要反覆翻閱他寫的那三本巨冊來幫助了解，總算在三年間完成了前三篇的翻譯。但是對於第四篇，總是有無以爲繼之嘆，遲遲不欲動筆。

所幸後來得到二位貴人相助，收集到斯瓦米韋達過去幾十年間講授《瑜伽經》的紀錄，才能勉強完成第四篇的翻譯。

一位是斯瓦米韋達的繼任人，國際喜馬拉雅瑜伽總會的現任精神導師斯瓦米瑞塔梵（Swāmī Ṛtāvan Bhāratī），那些授課的原始紀錄大多是他當年整理謄寫下來的。另一位是傳承的資深老師司通馬（Stoma），他自告奮勇開始撰寫第四篇的釋論，完成斯瓦米韋達的遺願。

在此要感謝他們二位，沒有他們提供的寶貴第一手資料，這本中譯本是不可能完成的。

在編譯的過程中，譯者所選取的材料有四個來源：

1. 斯瓦米韋達2012年11月講授第四篇的錄音。
2. 斯瓦米韋達對《瑜伽經》經文的文字翻譯，年份不詳。
3. 斯瓦米韋達於1973年至1978年講述《瑜伽經》的課程文字紀錄，其中第四篇部分。
4. 斯瓦米韋達於1985年講授第四篇的文字紀錄。

除此之外，特別值得一提的，是譯者所經常參考的一本《瑜伽經》的重要譯作，斯瓦米韋達在他的著作中也經常引用的，就是上世紀的數論瑜伽大師斯瓦米哈瑞哈若難達（Swāmi Hariharānanda Āraṇya）寫的《帕坦迦利的瑜伽哲學》（*Yoga Philosophy of Pantañjali*，前譯《瑜伽經釋論》）❶，其後由穆克吉（P.N. Mukerji）翻譯爲英文。

本書的體例和編排仍然依循前面三篇的方式。在經文的解說部分，因為取材於斯瓦米韋達三次不同的授課紀錄，語氣的連貫性可能會略感不足，也會有少數重複之處。

另外，由於斯瓦米韋達的錄音課程略過了第11～24經，因此所附的錄音檔中，此十四句經的梵文朗讀是由喜馬拉雅瑜珈傳承資深老師Pandit Priyadarshan(Pierre Lefebvre)補充，請讀者留意。

至於本書的附錄部分，特別選了三篇譯文。

- 〈附錄1：《瑜伽經》是否屬於口授傳承？〉：斯瓦米韋達在此文中舉了很多例子來說明為何《瑜伽經》的實修法門往往需要由上師親授，而且只保留在「口耳相傳」的傳承中。
- 〈附錄2：《瑜伽經》的研究題目〉：斯瓦米韋達列出了23個深淺不一的問題，要學生們用來檢驗自己對《瑜伽經》理解的程度。
- 〈附錄3：《瑜伽經》概要〉：斯瓦米韋達簡短地為我們描繪出《瑜伽經》的全貌。他講過類似的內容許多次，次次都有不同的偏重。這裡收錄的主要是經由解說《瑜伽經》各篇的篇名，來認識全經的要旨。

於今譯者雖然終於完成了全部四篇的中文翻譯，卻沒有如釋重負的感覺。原因是自己明白，這，不過是區區的起步。近幾年粗淺地學習《瑜伽經》，越發自慚不足，所知的部分就像是從大海中取來的一瓢水而已。

斯瓦米拉瑪說，所有的療癒法門都包含在《瑜伽經》中。斯瓦米韋達說，所有的禪定法門，都不出《瑜伽經》。我們能從中獲益多少，得視乎自己的根性以及精進的程度而定，當然還必不可少的是上師的指引和加持。譯者在此祝願讀者都能得益於《瑜伽經》，在修行之道上闊步前行。

匍匐於傳承上師足下

石宏

完稿於2020年

斯瓦米韋達圓寂五週年

譯註：

❶《帕坦迦利的瑜伽哲學》：請參考斯瓦米韋達所著的《瑜伽經釋論第一輯》的「前言」對此書的介紹。按，作者哈瑞哈若難達是少有的數論瑜伽大師，也是實修者，晚年完全靜默不語地住在洞穴之內。原書是以孟加拉文及梵文書寫，完全依威亞薩所寫的釋論而做申論。斯瓦米韋達最常引述的是原書。英譯者的文筆對於習慣現代英語的讀者就略嫌艱澀，此外，書中有些專有名詞的譯法，往往和現代較為流行的譯法不同。但是，只要適應了此書的文風，就不難發現為何斯瓦米韋達會特別推薦它。

譯者前言

瑜伽的終極目標

《瑜伽經》第三篇講到修練「三耶昧」（saṁyama）有可能出現種種的「悉地」（siddhi），例如能知過去未來、知天上星辰運行、易換身體等，一口氣列出了三十幾種，然後忠告修行人不可執迷於這些「本事」，因爲它們會成爲最終「解脫」（mokṣa）的障礙。而這些悉地當中，最高的莫過於能分辨出「本我」（puruṣa）和「悅性布提」（sattvika buddhi）的「明辨慧」，最後連這個明辨慧也捨了，才能終於實證到「獨存」（kaivalya，又譯獨寂、獨耀），也就是第一篇第3經所說的「見者安住於自性（本性）」境地，本我不再和「原物」（prakṛti）的種種衍生物（主要是布提）再有任何瓜葛，所以能夠「獨」（kevala），這才是終局的解脫。根據《瑜伽經》，這才是瑜伽的終極目標。

第四篇一開頭就提出來，除了三摩地（也就是三耶昧）之外，悉地還可能來自另外四種情況：天生而有（其實是從前世帶來的）、服用草藥而有、靠持咒而有、靠苦行而有。佛教也有類似的說法，報通（類似生而有之）、修通（類似由三摩地以及苦行而有）、依通（類似由持咒以及藥物而有）、妖通（《瑜伽經》沒有提及）、鬼通（《瑜伽經》沒有提及）。《瑜伽經》僅列舉了悉地的五種起因，但沒有再進一步解釋，例如沒有說明為什麼服用草藥會產生悉地，以及究竟是哪些草藥才有如此的效果。

帕坦迦利接下來說，生成不同的物種、身體，這種轉化的悉地，是由於原物「流注」而發生。他緊接著解釋，這種「流注」不需要（也許不能）刻意去推動，只需要把阻隔之物移開就會自然發生，就像是農人要引水灌溉相鄰的田地，只需要把水閘打開即可。如果我們講的是轉世，那麼下一世會生為哪一類物種，自然與我們這一世的行為是有德還是無德，有很大關係。但是，這裡也可能是在解釋瑜伽士如何變出「化身」。斯瓦米韋達在講述第三篇的時候，曾經提到印度物理哲學的兩句名言：「一切皆由勢能所構成」（sarvam śaktimayam jagat）以及「一切即一切」（sarvam sarvātmakam）。例如，水可以變成酒，幹細胞可以變成肝臟細胞，只要能駕馭勢能（śakti，夏克提），就能將任何物轉化成任何物。數論瑜伽認為，我們之所以無法做到，是因為被自己生生世世的煩惱習氣所限制住。然而，對於瑜伽士而言，這種轉化卻是如此之自然，正是水到渠成。

此處所謂的「瑜伽士」（yogi），是已經證得最終三摩地開悟解脫的人，不是被現代人所濫用的稱呼。問題是，到了如此境地之人，已經捨棄了心的作用，他為何還要造出化身？這化身還有沒有心的作用？如果有的話，又是怎麼來的？怎麼控制的？如此是否會造業？斯瓦米韋達告訴我們，瑜伽士之所以要造出化身來，完全是因為慈悲心，動機是為了教化、救助世人，而不是為了一己自私的目的。第四篇的第2～7經，就是在回答這些問題，解釋這個現象。

瑜伽士的行為不會造業，其他人的行為，不論是善、惡、善惡混合的，都是造業。由於造業，所以產生了「習氣」（vāsanā）。「習氣」這個梵文名詞有時會和另一個梵文名詞「心印」（saṁskāra）被認為是同義字。但是在《瑜伽經》中還是將兩者予以區別為佳。我們所有的行為，不論是身體的、言語的，還是心意的，都是在造業（karma），這個業會在我們的心地「業庫」（āśaya）中留下印記，也就是心印，心印就像是在心地這塊土地種播下了種子，形成了習氣「vāsanā」，這個字也是「薰」的意思，久而久之薰染成為某種傾向，變成我們的人格特質。這些都是在無意識層面發生的過程，是我們普通心念所見不到、意識不到的。只有當修行有所成就，心識能擴充到無意識層面，才能認識到。習氣從無意識層面冒出來，先是成為某種模糊的情，等到這個情變得明確，就成了心念（vṛtti），然後心念變成具體的行為，又成了業，如此循環。

《瑜伽經》在第二篇講「煩惱」（kleśa）時，曾經講過業的道理，此處在第四篇的第8～11經則是更進一步解釋習氣如何產生，有何特性，靠什麼維持存在。如果能夠把維持習氣存在的因素給滅了，習氣自然就會消失，業的循環之鏈也隨之而斷，因此不再入輪迴轉世，這也是瑜伽修行的重點所在。

此後的第12～13經是在解釋習氣（以及任何東西、現象）似乎存在或不存在，是因爲被分爲三個「時間的路途」（adhva，或者說「時際」）的緣故，也就是它們在過去、現在、未來（前際、中際、後際）顯現或隱沒，使得我們認爲它們存在或不存在，但它們其實是一直存在的。這個觀念是第三篇第9～15經所講「轉化」（pariṇāma）原理的延續，讀者需要回顧第三篇的說明。

第14經開始就牽涉到一個瑜伽和佛學中某些宗派的基本分歧之處。《瑜伽經》主張，我們的心，以及心所覺察到的外面對象萬物，二者不但是分離的，而且對象是有的，並不是如某些佛學宗派主張外物並非實有，而是由心念所造出來的。這個爭論想必在《瑜伽經》作者帕坦迦利的時代是個重要的議題，所以他用了許多句經來反駁。《瑜伽經》在第一篇提到「證量」（pramāna），就是說什麼可以用來做爲眞實與否的證明和量度標準（譯按，這個名詞有時候被認爲是在形容「證悟」的功夫，似乎並非它的原意），一共有三類：（1）知量（pratyakṣa），以感官直接認知來量度證明，（2）比量（anumana），以邏輯推理來證明，（3）聖言量（āgama），以聖人（經書）之言來證明。帕坦迦利在此處是用了一連串的邏輯推理，也就是比量，來反駁那些「外道」的主張，並沒有訴諸於權威引用聖言量來表述。他詳細的論點在此就不重複，請讀者自行閱讀思索。

需要加以說明的是，雖然大多數人認爲《瑜伽經》此處是在反駁佛教的理論，因而推斷《瑜伽經》是在佛法流傳之後才成書。斯瓦米韋達卻是少數力主《瑜伽經》早於佛陀的時代，而此處所反駁的是某些當時已經存在且盛行的主張，這些主張其後被佛教某些宗派所認同，成爲了佛教的一種理論。

第二點需要說明的是，斯瓦米韋達提到，雖然《瑜伽經》關於外物是否存在的主張，與佛教某些宗派的看法似乎是相互矛盾的，然而我們如果將《瑜伽經》的觀點理解爲是一種「認識論」的主張，而佛教所提出的是「本體論」的觀點，那麼兩者之間的矛盾就未必不可融合。《瑜伽經》完全是以實用爲主，所有的「理論」都是爲了讓修行人在實修時可以用得上。因此，這裡似乎是在提出反駁的論述，其實也是在描述我們心的覺知過程，爲何心會有覺知的作用，假如心不是眞的有覺知的能力，那麼是「誰」在覺，「誰」在知？這就是接下來第22～24經所牽涉到更爲重要的議題：「本我」。

在研究《瑜伽經》時，讀者一定要明白它的理論基礎是「數論」哲學。數論的主張是，唯一能「覺」的只有「本我」，它不可分，沒有衍生物。另一類是「原物」，它是死東西，是無覺的。原物由悅性、動性、惰性三種質性所構成，由於三種質性失去了均衡，所以衍生出一連串的再分類，一共有二十二類。第一個由原物所衍生出來的，在宇宙是「大」（mahat），在個人則是「布提」（buddhi）。布提是所有物質中最精微的，它也像是一面鏡子，當本我反映在這面鏡子中，布提就從原本的「不覺」變成了「似乎有覺」，於是先起了「我」的自覺，然後開始能覺知萬事萬物，也就是有了「心」的作用。因此，根據數論的主張，「心」根本就是「物」，只不過比起其他的衍生物，例如感官、五大元素，「心」是最精微的物。如果沒有本我，「心」根本不起作用。

有趣的是，「心」是最「無私」的，它的存在、它的作用都是爲他，不是爲己。這個「他」，就是它的主人——本我。然而，本我其實是本來清淨的，根本就不會被捲進「心」的作用漩渦中，它只是一名旁觀者，完全中立，甚至可以說是無動於衷。我們這些沒有開悟的人，以爲自己遭受到種種的束縛和苦痛，其實這些都發生在「心」中，本我並沒有眞的在受苦。因此，所謂開悟，悟到的是本我和原物、和「心」等等是分離的，這就是「明辨慧」。所謂的解脫，就是本我不再和原物、和「心」有任何糾葛，它安住於自性中，這就是《瑜伽經》的終極目標：「獨存」。

斯瓦米韋達說，第22、23經是關鍵的經句，我們一定要弄明白其中的道理，要如是去思維。否則我們就白學《瑜伽經》了，就根本不懂何謂瑜伽。

修行人有了明辨慧，雖然能區別本我和非本我，還沒有到最終的解脫境地，但是它的「果」是，對自己的本質不再有疑，不再會有「我是誰」這類的疑惑（第25經），以及此後會一心傾向於達至最終的獨存境地（第26經）。要注意的是，《瑜伽經》的經文並不一定只用「本我」（puruṣa）這個名詞，而是因應不同的語境，會使用「見者」

（draṣṭṛ，或draṣṭā, darśinaḥ）、「見力」（dṛk-śakti），或是「覺性之力」（citi-śakti）、「所有者」（swāmin，主人）等不同的名詞來表示「本我」。

正因爲還沒有到最終的解脫境地，所以第27經說，在修行的過程中，只要有縫可鑽，隱藏中的舊習氣還是會冒出來，干擾到修行人。如何才能把習氣給清乾淨？第28經說，要用到第二篇所說清除「煩惱」同樣的方法。

修行人到此已經把所有的障礙都清除了，就如同前面第3經所描述的農夫引水灌溉的例子一樣，一切智慧自然湧現，得到「遍知正智」。如果能夠連這個智慧也捨了，做到了第一篇第16經所謂的終極無執，那麼就到了「法雲三摩地」（dharma-megha-samādhi，見第29經），它的「果」有三個：（1）一切煩惱業行都斷了（第30經），所以不再入輪迴，（2）一切蓋障已除，幾乎無所不知（第31經），（3）三種質性的目的已達，它轉化的「序」（krama）已經結束（第32經）。

第33經解釋什麼是「序」。最後的第34經說，因爲不再有衍生的「序」，三種質性回溯到它們源頭的原物，到此本我和原物徹底分離，所以覺性之力安住於它的自性中，這就「獨存」！《瑜伽經》到此全部結束。

最後要提醒讀者，雖然第四篇讀起來像是完全在講理論，其實不然，只不過它所描述的種種悉地、習氣、心地本質是非常高的境地，所以會覺得似乎離我們很遠。斯瓦米韋達在書中告訴我們，不要只是研讀，要把這些境地變成我們實際的體驗，才是學習《瑜伽經》的目的。

本篇是譯者自己的學習筆記，如果對讀者尚有助益，則該悉數歸功於斯瓦米韋達的教導，一切錯謬自然全是譯者的疏失。

瑜伽經第四篇 獨存篇 述要

斯瓦米 韋達 講述

1973年至1978年、1985年、2012年11月

講於 印度瑞斯凱詩城 斯瓦米拉瑪道院

石宏 整理翻譯

楔子

Om ~	嗡
gurave namaḥ	稽首上師
parama-gurave namaḥ	稽首殊勝上師
parameṣṭi-gurave namaḥ	稽首至尊上師
paramparā-gurubhyo namaḥ	稽首傳承諸上師
akhaṇḍa-maṇdalākāraṁ	以無斷曼達拉相
vyāptaṁ yena carācaram,	充塞動與不動者
tat-padaṁ darśitaṁ yena	彼以其境示我故
tasmai śrī-gurave namaḥ	是稽首吉祥上師
hiraṇya-garbhād ārabdhām	前為金胎藏始源
śeṣa-vyāsādi-madhyamām,	中有蛇煞威亞薩
svāmi-śrī-rāma-pādāntaṁ	斯瓦米拉瑪繼後
vande guru-paramparām	上師傳承吾稽首
Om tat sad brahmārpaṇam astu	嗡 彼乃真、有，願以此供養梵
Om śam hariḥ Om	嗡 祥 哈瑞咿 嗡

剛才是我向上師們祈禱，願他們加持我們，讓我們受到啓發，能夠如實理解遠古聖人流傳下來的經書。

《瑜伽經》第四篇的篇名是「獨存篇」(kaivalya-pāda)。這是一個很大的題目。1973年我在美國明尼亞波里市的喜馬拉雅瑜伽中心開過一次課程的講座，共有174卷錄音卡帶。2006～2007年間我在此地（印度的學院）講過《瑜伽經》前三篇，但只是簡單地介紹，非常簡短。你們需要先去聽2006年那三篇的錄音（譯按，已經整理翻譯成《瑜伽經白話講解》系列三摩地篇、行門篇、必普提篇共三本），否則你就無法聽懂這次的課程。

同時，我也要再度提醒大家，如果你不先對數論（sāṇkhya）哲學有所了解，你也不可能懂《瑜伽經》。有這麼多先修功課要做，因此如果明天只有一半的人，後天變成三分之一，下個星期只剩下三個人來聽，我也不會覺得意外。

這次講課的其中一個原因是，我明年（2013）將要進入爲期五年的靜默，也許七年，也許更久，乃至永遠不再開口……。我的時間不多，還有太多未完成的事。我爲《瑜伽經》寫釋論書，過去已經出版了第一篇和第二篇，一共有一千五百頁左右。目前我正在寫第三篇，有桑傑・沙斯提（Sanjay Shastri）博士以及潘迪特・賈格達南德（Pandit Jagadanand）這兩位高明的梵文學者從旁協助，希望不用太久就可以出版。本次第四篇的課程預定只講十二堂，當然不可能做到鉅細無遺，不足之處只有等我寫完第四篇那本釋論書了，如果我此生能寫完的話。

在我靜默的期間，我們傳承中有很多優秀的老師會繼續執教，你同時也需要自習，光是我已經出版的那兩本《瑜伽經》釋論書，每本都需要用上二、三年的時間仔細學習才能充分了解。

在正式講解這一篇之前，我們需要了解《瑜伽經》的脈絡，它是如何開展，如何導入第四篇。

前面我們在學習第二篇「行門篇」（sādhana-pāda）的時候說過，瑜伽也有和佛教苦、集、滅、道「四聖諦」相對應的教法，這是瑜伽的四根支柱，我們稱為：應斷（heya）、應斷之因（heya-hetu）、應斷之滅（heya-hāna）、滅之道（hānopāya）。

什麼是「應斷」，應該要避免、要斷除的？經文說：「應斷未來苦」（II.16），還沒來到、還沒發生的苦，是「應斷」。

什麼是「應斷之因」，也就是說什麼是苦因，苦是怎麼來的？什麼是煩惱的起因？終極的煩惱是「無明」（avidyā）（II.24），而它的定義就是四種「顛倒」（viparyaya）：「將無常、不淨、苦、非我，認作常、樂、我、淨」（II.5）。

什麼是「應斷之滅」，苦滅了之後是什麼樣的境地？第二篇的第25經非常簡單地提到，「滅」就是所謂的「獨存」（kaivalya，又譯獨寂、獨耀），那就是《瑜伽經》最高的成就、最終極的目的、三摩地的目的所在，是「本我」（puruṣa）和「原物」（prakṛti）彼此完全隔開的境地。

《瑜伽經》第二篇是爲了什麼樣的人而說？是講給什麼程度、什麼資質的人聽的？它是講給那些還沒有修到能夠直接進入三摩地之人聽的。第一篇「三摩地篇」是講給能夠直接進入三摩地的修行人聽的。那麼程度比較差的人怎麼辦？所以帕坦迦利就在《瑜伽經》的第二篇中，爲他們繼續講「行瑜伽」（kriyā-yoga），以及種種的「夜摩」（yama）、「尼夜摩」（niyama）等等、等等。然而，對他們而言，講「獨存」還不是時候，第二篇第25經就只簡單對「獨存」做了定義：因爲無明消失了，見者不再和所見結合，所以能獨存。

然後在第二篇第26經，《瑜伽經》接著講「滅之道」，如何去斷除無明，就是要有慧，要有「明辨慧」（viveka-khyāti），這也是第四篇一再提到的主題。第27經列出七層境地，修行人要經歷的七個步驟、七個階段，只有在到了最後第七層的階段，才能成就「獨存」。做了這些簡單的介紹之後，《瑜伽經》第二篇其餘的篇幅開始詳細講「道」，斷除無明的修行方法，那就是「八肢瑜伽」（aṣṭāṅga-yoga），瑜伽的八個部分、八個步驟、八個階段，從最初階的「夜摩」、「尼夜摩」開始，一階一階地往上登。

「八肢瑜伽」又分爲兩個部分：前五肢（外肢）和後三肢（內肢）。第二篇在解釋完外五肢就結束了。爲什麼前五肢是「外」肢？因爲它們牽涉到外在的作爲，是屬於生理、身體的層次。但我們一定要明白，瑜伽所謂的「外」和「內」的概念並不是絕對的，是相對的，要看跟什麼對比來決定。例如，「布提」（buddhi）對於「本我」而言是「外」，但是對於「我執」（ahaṁkāra）而言則是「內」。「意」（manas，又譯心意）對於「我執」而言是「外」，但是對於「感官」（indriya）而言則是「內」。身體的其他器官對於「感官」而言是「外」，眼睛所看見的對象客體對於感官而言是「外」。

所以，「內」和「外」是漸進的，相對的，會改變的。你以爲是內在的，對於更裡面的而言則是外在的。例如你身體的表層，相對於你的感官是「外」。相對於你的心，感官又成了「外」。這個道理你要明白，就知道八肢瑜伽中的頭五肢，是相對的外肢。

其餘的第六、七、八這三肢被稱爲內肢，因爲它們純粹是屬於心的修練。在第五肢「內攝」的階段，感官完全回攝，其後全部的修練都在心內爲之。但是第三篇第8經說，即使在三個內肢當中，較低層次的三摩地相對於最高層次的無種三摩地（nir-bīja samādhi），還是算「外肢」。

第三篇「必普提」（vibhūti-pāda）篇，首先說明了三個內肢（專注、禪定、三摩地，III.1-3），接著用了一個特殊的名詞，說這三肢合起來叫做「三耶昧」（saṁyama）。第三篇接著說明修練「三耶昧」的種種成果，因此篇名叫做「必普提」，意思是瑜伽士的殊勝成就。

不過，《瑜伽經》的作者帕坦迦利似乎無意要我們過分重視這些三摩地成就，所以不把它們放在第一篇「三摩地」篇中，因爲這些成就畢竟屬於較低階的「有智三摩地」（samprajñāta samādhi）的層次。他甚至警告我們：「彼等爲三摩地之障，乃起心之悉地」（III.37）。這些成就叫做「悉地」（siddhi），是一種屬於「起心」（vyutthāna）的成就。「起心」就是三摩地的反義詞，所以它們是三摩地的障礙。第三篇所描述的種種「悉地」都是眞的，縱然你沒有刻意去修它們，有時候它們也會自然發生，你也會用得上。但問題是你一旦迷失在其中，就要花很長的時間才能擺脫它們，回到正途來。

所以縱然你修成了所有這些「悉地」，《瑜伽經》唯恐你迷失在其中而忘記了自己眞正的目標，所以第三篇末尾最後一個字是「獨存」（III.55），就是在提醒你，把你帶回來。這個「獨存」，就是前面第二篇第25經所提到的，是個「滅」，所有「應斷」都斷除了的境地。

接下去第四篇登場了，第三篇的最後一個字正是第四篇的篇名。第四篇可以分爲兩個部分：從第1經到第24經是一個部分，另一個部分是從第25經到第34經。

第一部分開始的前三句經仍然繼續講「悉地」，因爲它跟接下來（第4～24經）所要討論的心的本質有關。

第一篇第19經提到，有一些瑜伽士修練有智三摩地到了「無身」

（videha）以及「原物消融」（prakṛti-laya）的高深地步，以爲自己已經到頂了。爲什麼他們會這麼想？因爲他們已經突破了這個身體的領域，接觸到了那個遍布宇宙世界的理，例如所謂的宇宙意識、宇宙我執。我以前說過，瑜伽最終的境地和所謂的宇宙意識根本不是同一件事，因爲宇宙說到底還是個物。這些瑜伽士進入到宇宙意識，以爲自己證到了「獨存」，所以仍然是受困於一個有限的自我，只不過那種自我比起凡夫把這個肉身當作的自我來得大多了。但是，即使到這個地步的瑜伽士，同樣還是會有失去自我的恐懼，那就屬於《瑜伽經》第一篇第8經所謂的「顛倒」（viparyaya），算是比較高級的顛倒。而凡夫懼怕失去自己肉身的恐懼則是第二篇第9經所謂的「死懼」（abhiniveśa）。而二者都是顛倒，都是無明。

在討論了「悉地」如何發生以及所引起的「身見」和業力理論之後，在這個論據上，帕坦迦利在第四篇的第14經，一直到第24經這一段，都是在駁斥佛家的理論。這裡就牽涉到一些很大的題目。

首先，印度傳統的見解主張，《瑜伽經》的成書遠早於歷史上那位佛陀的時代，因爲到了佛陀降生的時候，所謂的「仙聖時代」（age of the ṛṣis）已經結束了。可是，爲什麼《瑜伽經》裡面有許多經句似乎是在反駁佛教的理論？這該怎麼自圓其說？所以，《瑜伽經》究竟是在佛陀之後才有的，還是在佛陀之前本有的？西方學者多數主張佛教成立在先，《瑜伽經》出書在後，爲此寫過很多很多的學術論文。

我對這個問題的回答要分三個方面。帕坦迦利在經文中從來沒有明確提到「佛教徒」這個字眼。其後爲《瑜伽經》留下權威註釋的威亞薩（Vyāsa）也沒有提到「佛教徒」，他是用了一個詞彙：vaināśika，這是在印度的非佛教文獻中經常用來形容佛教徒的字眼，被很多人翻譯成英文的「虛無論者」（nihilist），但這樣翻譯並不是那麼貼切原意。西方的學者起初還沒深入認識佛教時，也常使用這個字。「vaināśika」是由「vināśa」這個字轉變而來。嚴格說來，vināśa並非完全是「虛無」的意思，它單單只是「失去、不見、毀壞」的意思，印度主流的哲學派別之所以用這個字來形容佛教徒，是因爲非佛教徒認爲佛教徒是在毀滅、壞滅一切實有。所以，「vaināśika」 這個字也許直接譯成「壞者」❶更爲貼切，「壞者」就是破壞、廢除實有之人。然而，即使在佛教中認同「壞者」理念之人，對這個觀念也有好幾種不同的主張。此處的探討就只提出兩種佛教中的論點。

其中一種叫做「剎那生滅論」（kṣaṇika-vāda），主張任何前者與後者之間都沒有連續關係，所有一切都只是在每一剎那間新生，只存在一剎那就歸於滅，感覺上好像連續存在，但那只是假象，因爲我們無法眞正體驗到什麼是剎那。關於這個理論，已經有過許多從科學和哲學角度的相關探討。它的重點是，一切我們以爲是持續存在的，都是剎那間新生、又剎那間滅失，只是似乎持續存在。

另一種觀點是「唯識論」（vijñāna-vāda），這是完全的唯心主義，認爲外在皆非實有，一切眞實都只在心識中。再進一步的闡述則主張：

每一個心念也只在一剎那間存在，下一剎那就滅失了。

他們當然都認為「本我」(ātman 或 Self) 是不存在的。

《瑜伽經》第四篇的第一部分主要是在討論這些問題，但是為什麼《瑜伽經》需要做這些探討？因為帕坦迦利認為，提倡這些理論的人會讓自己困在低階的「有智三摩地」。

我在前面說過，當你到了「有智三摩地」時，會開始證悟到種種不同層次的「真實」：宇宙心識、宇宙我執、宇宙心地、宇宙布提等，那些都還不是「本我」(不是ātman，不是puruṣa)。他們所受困的那些境地，縱然對於常人而言是遙不可及、非常高妙的境地，可以高到連原物都消融了，連佛學中的「五蘊」(skandha) 都空了，因此就誤以為自己已經到了「獨存」境地。然而，這比起最高的「非智三摩地」(asamprajñānta-samādhi)，比起真正的「獨存」，還是天差地別。如同一個從未見過鑽石的人，會把一粒玻璃珠子誤認為是鑽石，儘管這裡所謂的玻璃珠子價值連城，但畢竟無法和鑽石相比。這是帕坦迦利的看法。

佛陀還沒出生之前，在宇宙生滅循環的無數劫中，那些已經證到這種境地，提倡這種理論，達到「有智三摩地」境地的瑜伽士，應該很多。因此，純粹從哲學探討的立場而言，駁斥這種理論並不代表是在駁斥佛教的一種理論，並不能因此推定提出駁斥的人必然是遲於佛陀的時代。

帕坦迦利先駁斥了這些論點，然後從第25經起詳細講述什麼是「獨存」。

介紹了這些背景之後，我們開始正式講《瑜伽經》第四篇。

譯註：

❶ vaināśika：即使在大乘佛教中也常使用這個字來批評破壞佛正法之見解，漢傳《楞伽經》中，就將「vaināśika」譯為「壞者」，例如：「寧起我見如須彌山。不起空見懷增上慢。若起此見名為壞者。」

悉地的由來

第1～3經

IV.1 janmauṣadhi-mantra-tapaḥ-samādhi-jāḥ siddhayaḥ

出生、藥物、咒語、苦行、三摩地生起悉地。

經文拆解註釋

janma-：出生

oṣadhi-：藥物

mantra-：咒語

tapaḥ-：苦行

samādhi-：三摩地

jāḥ：生起

siddhayaḥ：種種悉地，成就

全段白話解讀

種種的悉地，

是由於出生、服用草藥、

持咒、苦行、三摩地而有。

帕坦迦利在這一句經中說，悉地的得來有五種途徑。

第一種悉地是生而有之。這種悉地分兩類，一類叫做「智悉地」（jñāna-siddhi），是智慧、知識的悉地；另一類叫做「事悉地」（kriyā-siddhi），是運用於物質、感官的悉地。但這種悉地並不是眞因爲「出生」（janma）才有，而是由前世帶來的。悉地不是忽然發生的，只不過好像是因爲「出生」而有，其實是重拾前世經由修行而具有的悉地。

還有，例如鳥生下來自然就有能飛行的本事，生爲天人自然會有天人的本事，生爲惡鬼自然有惡鬼的本事，這才是眞正因爲出生而有的悉地。

第二種悉地是透過「藥物」（oṣadhi）而生起。這裡所指的藥物是草藥和植物。現代西方人讀到這句經，立刻就聯想到LSD這類的迷幻藥或是大麻之類的東西。美國人拉姆達斯（Ram Daas）❶是造成LSD風靡文化的兩位先鋒人物之一。後來他前往印度，遇到了我上師的道友——偉大的寧．卡若里巴巴（Nim Karoli Baba），他的道院就在我們印度學院附近。有一天，巴巴問拉姆達斯：「我聽你提過有個東西叫做LSD，它究竟是什麼？」拉姆達斯說：「喔，這是個好東西，能給你力量，給你智慧，打開你的覺性。」「有這麼好的東西？快給我！」拉姆達斯就給了巴巴一粒。巴巴說：「這東西這麼好，你爲什麼只給我一粒？全部給我！」所以拉姆達斯把一整袋的藥丸都交給巴巴。誰知巴巴竟然一次全吞了下去，要是普通人的話非死不可。一個小時後，巴巴說：「我毫無感覺，這一點作用都沒有，你為什麼要用這個來愚弄別人？」

在印度的吠陀（Veda）古籍中，經常提到一種草藥名叫「蘇摩」（soma），將它製成草汁飲用，能讓人有進入三摩地的感覺，因此後代的人不斷地追尋這個植物。[2]可惜這個「蘇摩」究竟是什麼植物、生長在什麼地方，以及是否真的存在，至今仍然沒有定論。「蘇摩」（soma）這個字，也有「月亮」、「非常純淨的本質」的意義，因此稱讚人純潔、平和、美麗，就叫做「蘇彌亞」（somya或saumya）。[3]印度古代傳統醫學「阿育吠陀」（Ayurveda）的大師主張，陽光給生物帶來能量，月光則是將草本的精華輸送給植物，讓草藥具有特殊的質性。如果草藥無法帶來它該有的療效，就可能是它無法有效地吸收「蘇摩」，沒有吸收到月光的能量。古代阿育吠陀的大師對於每種草藥該在什麼季節，在白天還是夜晚的哪個時段去採藥，然後哪種藥在每天的哪個時間服用才有藥效，都非常講究，可惜這些學問到今天大多已經失傳了。

印度傳統醫學中，以藥物來達至特殊能力的學問叫做「靈丹法」（rasāyana），這是以服用參雜了金屬（特別是水銀）所煉製的丹藥，再配合排毒的療程，來達到脫胎換骨、長生不老的目標。傳說中有一位叫做「龍樹」（Nāgārjuna）的大師精通此術，但這門學問後來也失傳了。不過，這位龍樹並不是佛教中那位著名的龍樹菩薩。此外，印度古代的煉金術也叫做「rasāyana」，據說能將銅和水銀煉成黃金，但我從來沒見過有人可以做到。時至今日，「化學」這門學科在印度還是稱爲「rasāyana」。

第三種悉地是藉由「咒語」（mantra）生起。由此得來的悉地有可能是非常高層次的，也有可能只是做日常用途的。關於咒語生起的悉地，有一點是多數人所不知道的，那就是咒語能打開心中通往天人世界的門戶，我們所謂的天人是一種生靈，能降福於我們，給我們力量。但是，此處我不想多談這個題目，除非是在傳承中，又對持咒下過了工夫的人，其他人是很難了解體會的。❹

第四種悉地是由「苦行」（tapas）而來。關於「苦行」，我們在第二篇已經學習過了。此處所講的是由某些特別的刻苦修行而得到了轉化，能夠得到眼通之類的悉地。

咒語和苦行爲什麼能生起悉地？這是由於刻苦專注地持咒，所以意志力變得集中而強烈。多數人只會希望、期待，而不知道如何做到心想事成。只會希望得到什麼結果是沒用的，要能夠將心願轉化成集中的意志力和願力，才會有結果。持咒不是今天做五分鐘，星期天做五分鐘，星期三做三分鐘，然後咒語就能給你帶來悉地。沒有眞修行，做不到一心，就不會有成。咒語和苦行能產生悉地，是在爲更高的境地把心給準備好，它們本身不是解脫。要得解脫，你就得把悉地給放掉。

第五種悉地是由「三摩地」(samādhi)所生起。這些就是由三摩地，也就是由「三耶昧」得來的種種悉地，在第三篇已經詳細講過。

上述五種悉地中，最低層次的是由於出生和藥物得來的，由持咒和苦行得來的悉地稍微高一等，但都和嚴格意義的瑜伽修行無關，因爲在《瑜伽經》裡，瑜伽是三摩地。因此，由三摩地而來的悉地才算是由瑜伽修行得來，所以高過前面兩個來源的悉地。

但是，無論如何，這些悉地都不會導致「獨存」、「解脫」(mokṣa)、「涅槃」(nirvāṇa)。經文把它們列出來，是讓我們知道，這種悉地是有的，但是要揚棄它們。能有悉地，擁有特異功能，固然很迷人，有些人也喜歡用來炫耀。但那不是我們該走的路，不是我們要的路。我們要走的，是淨化的路。很多這種悉地，是因爲我們過去的修行，依我們的業，由前世帶來的。它們和靈性的解脫以及開悟都不相關。

自古以來所有的大師都告誡我們，若是在修行的路上得到了某種悉地，它唯一的目的只在增加我們的信心，告訴自己：「是的，我現在走對了，所以才出現了某種現象。」除此之外，對於求解脫之人，悉地不值得一顧，都不會帶來解脫，

譯註：

❶拉姆達斯：美國人，本名Richard Alpert，早年是心理學者，曾長期服用迷幻藥追尋靈性經驗。後來前往印度尋道，拜在聖者寧．卡若里巴巴門下修行，其後成為西方的一位心靈導師。斯瓦米．拉瑪在《大師在喜馬拉雅山》一書中也提到寧．卡若里巴巴的事蹟，稱他是一位不可思議的祕行者。

❷斯瓦米．拉瑪在《大師在喜馬拉雅山》中也提到「蘇摩」以及他親身嘗試的經驗。

❸例如Saumya Mantra，就是在讚歎皎潔美麗如月的女神。

❹關於咒語能帶來悉地，也請參閱斯瓦米．拉瑪的《大師在喜馬拉雅山》中〈蜜蜂咒〉、〈濫用咒語〉等章節。

IV.2 jāty-antara-pariṇāmaḥ prakṛty-āpūrāt

以前因流注而轉異類。

經文拆解註釋

jāti-：種類，族類，身類

antara-：不同

pariṇāmaḥ：變化，轉化

prakṛti-：精微前因、始因

āpūrāt：（由於）流注

全段白話解讀

由於有精微的前因流注之緣故，
不同類轉化的悉地得以發生。

上一句經說，悉地的得來有五種途徑，其中生而得之的悉地是由上一世帶來這一世，不是由本經所說的「轉化」（pariṇāma）而來。其餘四種悉地，是由你此生慢慢累積，在身體、感官產生了轉化而擁有的悉地，你有可能把它帶到下一世，而且你下一世可能轉化成另一個物種的生物。那麼這些轉化究竟是怎麼發生的？

威亞薩在他的《釋論》中解釋轉化時，特別用到了一個字：法（dharma）。這個字有三個意義。其中一個意義是在第三篇第13經提到的「法相」，是原物（prakṛti）的層層轉化所起的相，你需要回頭去讀。法的第二個意義是：任何東西的本質就叫做「法」，例如水的本質是清涼。法的第三個意義是「德」，身語意三方面的德，反面則是「無德」（adhama）。你在這一篇讀到「法」的時候，要知道這個字是用在哪個意義上。

這裡還要提幾個梵文字：

apāya　　apanaya　　upajana　　apagama

「apāya」的意思是：漸漸失去的東西，正在減少中的東西。例如，你將水由瓶中倒入杯中，瓶中的水是「apāya」（消弱），杯中的水則是「upajana」（增強）。同樣地，當原物（prakṛti）的能量，也就是在我們身中那些物、質料、天然的資源，在減退時，就是「apāya」。當那些能量增強時，就是「upajana」。

「apayana」（削奪）則是某種能量在削弱、奪走這種能量。這種能量就是處於「apagama」（流失），正在流失離去。然而，當某種能量流注到你身上，那就是本經中「āpūra」（流注）這個字的意思。

所有這些「法」，都有如陶匠在為陶瓶拉胚時所使用的轉輪，以及驅動轉輪的桿子。但是，轉輪並不能做出陶瓶。

這裡你必須要了解數論（sāṅkhya）哲學中「原物」的概念，它是物質的總合，永遠不會有增減。宇宙中所有的原物，乃至包括宇宙外的原物，從來不會增加或減少。這也是物理學的定律，能量不滅，但是會轉化。當發生轉化時，某些東西不是在減少就是在增加。某些能量被移除，有些能量在增加，例如「無德」的影響力在減少中，「德」的影響力在增加中。

但是，本句經文中所稱的「prakṛti」，不單是原物，而是包括了任何東西的源頭，任何東西的前因。例如，牛乳是「前因」（prakṛti），乳酪則是牛乳衍生而來的「變異」（vikṛti）。在數論哲學中，原物會衍生出很多層次，從最精微的「大」（mahat），一直到最終五大元素中最粗的「地」（pṛthivī）。在層層衍生的過程中，每一次的前因都比它所生出來的變異要來得精微，每一次的變異都比它的前因來得粗大。

因此，從人身轉化成為異類時，例如轉化為天人身，或者轉化為阿修羅惡鬼身，是由於精微的前因流注[1]的緣故。這就是這一句經所要說明的道理：「以前因流注而轉異類」。

講到這裡，讓我們再次強調，第四篇的主題是「獨存」，是「解脫」。當你解脫了，你會是什麼樣的？你的心會是什麼樣的？你的感官是什麼樣的？你會具有什麼樣的能力？對這些問題的一部分答案（只有一部分）是第四篇要交代的。很顯然，這一篇並不是爲你我這樣的人而寫，因爲我們仍然認爲：「我是這個身體」，「所謂死亡，是這個身體的死亡」，「所謂再生，是再生一個同樣的身體」。你必須先要從這種思維中解脫出來，才有可能得到解脫。

我們無法想像已經得到解脫者的心態狀況是怎麼樣的，《瑜伽經》這一篇就是在給我們一些線索。第1經提到的五種悉地，對我們來說好像非常遙不可及，就如同一名五歲的孩子無法想像自己到了五十歲是什麼光景。我們就是那些五歲的孩子，無法想像此處所提到的種種悉地。

就算已經得到了所有的悉地，你的心地還要達到什麼程度才算是準備好了，可以再進到下一步，讓自己的心地中有三摩地的印記，進而得解脫？

講到這裡，我這陣子的感嘆很深，我們這裡有學生自以爲是，居然自稱是「瑜伽王者」（Yigiraj）。我今年八十歲，不停講學已經有六十六個年頭，我連「瑜伽士」（Yogi）的稱呼都不敢自居。也許他們的確很偉大，已經成爲瑜伽王者、瑜伽仙聖了。我們這個小小道院實在無法容得下這些大師，只能請他們去外面自行發展。這些人竟然如此糟蹋瑜伽！

我們現在讀的這幾句經文中所謂的瑜伽，是「那個」瑜伽，是那個層次，那個莊嚴的瑜伽。到了那個地步的眞瑜伽士，就具有原物所有的一切能量，那個原物是一切物的根本。如此的瑜伽士能爲自己造出許多身體來。有些悉地是能「斷去」（apagama），有些悉地是能「流注」（āpūra）。如果我就這個題目講下去，會連第2經都講不完，只能舉例說明。「重身悉地」（garimā-siddhi），可以讓身體變得無比沉重，就是一種「流注」悉地，某些原物的能量被加了進來。「輕身悉地」（laghimā-siddhi）讓身體變得毫無重量，則是一種「移去」悉地，某些能量被移開了。瑜伽大士還可以把他的肉身轉化成「天人身」（divya-śarīra）。天人身體的特質和特徵，與凡人的肉身不同。

第2經告訴我們，當身體和感官發生了轉化，成爲不同種類生靈的身體和感官，這種轉化改變的發生，是由於讓前因流注進來的緣故。在印度的許多《往世書》（*Purāṇas*）中有許多這類的傳奇，例如大師能變出來種種用具，像是可供騎乘的大象（這相當於是當時的高級轎車），能造出許多化身來辦事，不用時就讓這些用具和化身消失。這類的傳奇故事很多，我本人雖然沒有親眼見過，但是曾經有過一瞥，這裡就不說了。

當瑜伽士得到了解脫成就，他不會再有新的心印，也就不會造新業，可是他仍然有些殘餘的舊業還沒有消去，所以他可以決定短暫重入輪迴。或者，他可以造出「化身」（nirmāṇa-kāya）用來償還業債，他甚至可以同時間造出很多化身來。你可能認爲這個說法太離譜，不可置信，但是有人就瞄見過自己的上師有很多化身。

瑜伽士還有一個本事，終極的解脫是「無心」。無心，因爲心仍然是「物」，是「原物」的產物，所以解脫要連心也放下。

所謂的解脫有二種：「即身解脫」（videhamukti）、「即生解脫」（jīvanmukti）。前者是身體和心都捨棄了（譯按，videha 是「沒有身體」，mukti 是「解脱」），你變成一個只有覺識和光的生靈。後者是出於瑜伽士的選擇，爲了救助和引導她人，所以仍然活在身體中（譯按，jīvat 是「活著」，jīvat + mukti = jīvan-mukti）。有一本經典叫做《即生解脫辨》（*Jīvanmukti-viveka*）專門講這個境地，有英文譯本，你們可以去找來讀。

有時候，這些「即生解脫者」（jīvanmukta）的瑜伽士覺得他受到這一個身體的限制，不夠用，就造出別的身體。有些關於我上師的故事說，有兩戶人家爭論不休，一戶說：「他是在我們家用午餐的。」另一戶說：「不，不！他是在我們家用午餐的！」其實他是同時在跟這兩戶人家共用午餐。我自己也親眼目擊過。

今天你要成爲大師級人物的話，只要去喜馬拉雅山下瑞斯凱詩城（Rishikesh）內任何一所小小瑜伽學院待上三個月，然後雇用一家好的公關公司，你就可以成爲一位來自喜馬拉雅山的大師。在我們這個道院中，任何地方都絕對不會掛我的照片。我不許！我不夠那個份量。大師不是那麼簡單的。

瑜伽士基於種種原因，可能會用上那個叫做原物的宇宙資源，創造出別的身體。所以這幾句經都是在講這個主題。原物，這個根本物質永遠存在、無所不在。現代科學推測有所謂的「黑物質」（dark matter）、「黑能量」（dark energy），這些都是我們古代經典中的觀念，我認爲就是原物。

原物是一種最精微的能量形態，它所衍生出來的種種物體都分類列在「數論」中，叫做「諦」（tattva），從「大諦」（mahat-tattva）一路到「地諦」（pṛthivī-tattva）。原物中所起的變化分兩個方向：順向開顯（prasava，或稱爲anuloma），以及逆向消融（prati-prasava，或稱爲pratiloma）。開顯是生出來，消融則是「果」回溯到它的「因」的過程。所以消融是個「熵」（entropy）[2]的過程，每一個物件自然都會有的。所有的東西都在消融中，這個身體也在邁向它的「熵」，朝著消融前進。宇宙以及其中的星球也都在邁向「熵」，在消融中。

瑜伽的觀念是，我們因爲業力的牽引而被束縛於五種粗大元素的意識。爲了尋求解脫之道，我們從事靜坐冥想，由粗大逐漸回溯到精微的源頭，我們的意識因而由身體固態的地大，去到了精微的地大元素，由那兒更深入，到了「氣」（prāṇa）的意識層面，再到「意」（manas）的意識層面，再到「有我」（asmitā）的意識層面，等等、等等。然後，連這個也放掉。這就是回溯，是消融的過程。反過來則是生發的過程。

以上這些討論，也是在為接下來的幾句經做了摘要說明。

譯註：

❶「流注」：有水流灌注的意思，與下一句經（第3經）所要表達的內容密切相關。

❷熵：這是熱力學理論中能量退化的現象。

IV.3 nimittamaprayojakaṁ prakṛtīnāṁ varaṇabhedastu tataḥ kṣetrikavat

非以外力推動前因，而似農以彼通淤。

經文拆解註釋

nimittam-：外力

a-prayojakaṁ：非推動者

prakṛtīnāṁ：細微前因、始因（之）

varaṇa-：障礙，淤塞

bhedaḥ-：穿透，斷絕

tu：而

tataḥ：以彼

kṣetrika-：農夫

vat：如

全段白話解讀

外力不是在推動那些精微前因以引起灌溉，

而是以那些外力打通淤塞，

有如農人不用推動水流，

而是以工具開啓水閘，引水流入鄰地。

原物是完全自主獨立的，它的任何變異都是依自己的規律而發生。在特定條件下，原物會從一個層次轉化為另一個層次。那些會引起變異的條件，例如前面所談到「法」的三種意義，並不能改變原物的本質。那麼，究竟這種轉化變異是如何發生的，瑜伽士是如何用他的法力讓這些變異發生？

本句經文中打了一個比方，如同農夫在灌溉時不是用他的手直接把水推到田裡，而是把擋住水的閘門拉開，水就順勢自然流入鄰地田中。「不如法」（adharma，也就是「無德」）所造成的「心印」（saṁskāra）是障礙，使得我們不能用到原物。由於「如法」（dharma，也就是「有德」）所造成的「心印」力量，能抵銷我們內在的「無德」，因而打開了門徑。如同農夫可以將水流引導去任何方向，瑜伽士也可以將原物的能量引導去任何方向。這才是我們該追求的。各位朋友，我對大家有一個建議，我一直都給這個建議，那就是：心要大。你們的心不夠大！要敢於去求這個本事。

威亞薩在《釋論》中做了另一個類似的比喻。他說，當農夫把水引到田裡之後，他會把水打進農作物中嗎？不，農夫只需要除去雜草。雜草除去了，所有的水就會自然進入農作物內。瑜伽士也是如此運用原物的能量，他只需要把那些黑暗業力的雜草除去，打通淤塞之後，原物的能量就能順勢流通。那就是你做體式法的目的。那就是你要靜坐的目的。那就是你要持咒的目的。那就是你要從事靜默的目的。那是為了要清除負面的能量，讓正面能量取而代之，終於到了某一天，你的心地變得如此清澄，它不再會妨礙你運用原物全部的能量。

我們之所以無力，是無明的黑暗引起的。一旦黑暗無明被「法」、被咒語、被清淨的勢能所取代，你的心地就變成是完全「悅性的」（sāttvika），它就能引導你走向解脫之途。如果你荒廢了修行，「不如法」就會再度堵塞住「法」。

有時候，在我講課之際，自己的我執會起一個念頭，「噢，我剛才講的這個觀念是原創的，我現在是大師了！」十年後，我翻讀某位大師的著作，發現人家在千百年前就講過了！我講的根本沒有新意。多年前，我在美國講課時用了一個比喻，別的大師已經用過了，而我最近才讀到。這個比喻是，有一塊大理石素材，無論它體積的大小、有多少重量，裡面都隱藏著許多雕像。雕塑家看著石材，心中起了一個影像，就會雕琢出他所要顯現、所要揭示的雕像。他所做的加工，僅僅是在把石塊中不需要的部分除去，如此而已。雕像原本已經隱藏在石塊中，他只需要清除擋住的部分，並不是造出新的東西來。

瑜伽士運用原物的能量去造任何東西，也是同樣的道理。例如，你能聽、能看，可是你想要有天耳通的本事，想知道是否有人在說自己的壞話，想要教訓他。如果這是你的動機，你就永遠不會有這個本事。縱然你已經有了某種本事，可是你動機不良，濫用了這能力，它就會被收走。

所謂聽力，一種是「聽覺」（śravaṇa-indriya），就是我們生理感官的聽力。另一種是「聽夏克提」（śravaṇa-śakti），這才是眞正的聽「力」。這聽力是覺性的一種狀態，是一種心念的能力。你把專注力放在生理的聽覺上，不會得天耳通的聽力。你專注於生理的肉眼上，無論你練多少小時的「凝視法」（trāṭaka），也不會得天眼通視力。

你們讀過《薄伽梵歌》（*Bhagavadgītā*），整個故事都是用上了這個本事才有的。年老的盲眼國王持國（Dhṛtarāṣṭra）坐在皇宮裡，對在他身邊的和勝（Sanjaya）說：「我看不見，我要知道此刻在戰場上的情況。」和勝就用他的遙視和遙聽能力，爲國王描述戰場上的情況，「現在王子阿朱那（Arjuna）放下了武器。」「現在神主奎師那（Kṛṣhṇa）在對他說話。」等等。和勝是怎麼得到天眼通（divya-dṛṣti）的本事？《瑜伽經》第三篇第25經告訴你如何得遙視力，第41經告訴你如何得聞天音、聽到遙遠的音聲。瑜伽士運用這種能力來爲世間造福，不是來破壞。如果你要發心得這種本事，就要出於這樣的動機才會如願。

（斯瓦米韋達帶學生靜坐片刻。）

現在，身體坐直。放鬆你的額頭。感覺呼吸在你鼻孔中流動和接觸的情形。緩慢、輕柔、平順地呼吸。你的呼吸要勻。呼與吸之間沒有停頓。就只去感覺呼吸的流動和觸感。念念不忘你的個人咒語，或者在呼氣的時候心中默念「搜——」，吸氣的時候默念「瀚——」。保持對這種流動的覺知。咒語在心中不斷循環。觀察你的心念、咒語、呼吸融合成同一股流體。不要打斷這道流，輕輕睜開眼睛。即使眼睛睜開後，還要讓這道心識之流持續流動。

你需要時時保持住這道流，無論你在什麼地方，你坐著、在等候的時候，總是要記得回到這股流。你們在等開場，等主講人出場時，很多人是在四處張望、跟人聊天，這都是在浪費時間，沒有利用那個寶貴的時間來做這種覺知。要學會利用你能用到的任何時間，你會發現自己其實有很多時間。

我有兩個詞，「朝外」（bahir-mukha）、「朝內」（antar-mukha）。你們大多數人什麼也沒學會，只是在收集知識。只有寥寥幾人開始展現出「朝內」的徵兆。那才是你靈性進步的證書，而不是在於你能記得多少句經文。只有少數的「朝內」者才能成爲眞正的老師。如果你的教學，是發自那個「朝內」的所在，那麼你才是在教瑜伽。否則，就只是一種運動，與有氧運動、一般的跑跳、舞蹈沒有什麼分別。你要牢記這兩個分別：「朝外」和「朝內」。時時要覺察，我是「朝外」還是「朝內」。

講回到《瑜伽經》，前面提到大理石塊的比喻。任何一個作具、作因（karaṇa），在原物中都可以造化出數不盡的成果。我們說的原物，是那個一切物的源頭，自然也包括了所有從它衍生出來的成果，不僅僅是我們這個身體而已，所有心的境地也包括在內。基本上，除了「本我」（ātman）之外的一切，都屬於物，都是原物生出來的。

至於具體是造化出哪一種成果，則要看你的「法」是什麼，以及你的「心印」和「習氣」而定。造化出來的並非是原本沒有的新東西，雕像原本已經存在於石塊素材中，在幾百萬種可能的雕像中，最後呈現出來的是哪一個，是依你的意志力，依你準備到什麼程度，依你的眼界而定。譬如說，天人身，你沒見過天人，他們是以光的形態存在。但是你也具有如此的天人身，不過你沒有讓它顯現出來。你還沒有做足持咒的工夫，還沒有做足苦行的工夫，所以你內在的天人身無法顯現。它已經有了，已經存在，並不是新造出來的。你畫地自限，將自己定性為一具人類的身軀，這就把天人的能量給封鎖住了。除去這封鎖，你就會是天人，你就現光明身。

有的瑜伽士會為弟子現出他的天人身形，因為他已經除去了封鎖，僅此而已，並非他造出一個新的身體來。所有的持咒、苦行、淨化，以及今日被視為是禁忌的禁慾（也就「梵行」〔brahmacārya〕），這些修行手段的目的都是在清除那些淤塞、障礙、封鎖。

心地‧瑜伽士的化心

第4～5經

IV.4 nirmāṇa-cittāny asmitā-mātrāt

以唯我生諸化心。

經文拆解註釋

nirmāṇa-：創造物、化物

cittāni：（諸）心

asmitā-mātrāt：（以）唯有我

全段白話解讀

瑜伽士僅要用到他自己的「有我」，

就可以由自己的心生出許多的化心，

然後用這些化心來使喚化身。

瑜伽士能由他自己的「有我」（asmitā）造化出許多心地，用這些複製的心地去控制他造出來的複製化身。這種複製出來的心，就叫做「化心」（nirmāṇa-citta），而複製出來的身，就叫做「化身」（nirmāṇa-kāya）。「nirmāṇa」的意思是創造出來的、化出來的東西，是人爲的，並非是天然的。「citta」的意思是「心地」，包括了所有心的四個作用：意（manas）、布提（buddhi）、心地（citta）、我執（ahaṁkāra）。「kāya」的意思是身體。

「有我」（asmitā）的定義，寫在《瑜伽經》第二篇第6經，你們要回頭去看。《瑜伽經》中「asmitā」這個字，就是「數論」中的「ahaṃkāra」。但二者的意義略有不同。「ahaṃkāra」經常被翻譯成英文的「ego」（我、我慢），其實它的意思是「造我者」（ego-maker）❶。

在大乘佛教有所謂的「三身」，是佛陀三個層次的身體：法身（dharma-kāya）、報身（saṃbhoga-kāya）、化身（nirmāṇa-kāya）。歷史上佛陀的肉身是他的「化身」，只是他化現出來的其中一個身體，是人爲做出來的。

許多瑜伽士也會爲自己造出一個化身，乃至於同時有許多個化身。我們在前面提過這樣的事例。問題是，造出來的這些化身，他們是只有同一個心，還是有許多不同的心？本句經所講的「化心」就是對此的解答。瑜伽士是以自己的「有我」造出許多化心，將化心注入到每個化身內。當然對於你我而言，這個問題還是很玄的，似乎離我們很遠。

瑜伽士在證得最高的三摩地後，如果他決定完全揚棄自己的心，就沒有化心和化身的必要。然而，因爲他們開悟之後不會再有造業的問題，也可以爲了某種目的而把心留著再用一段期間，也可以用自己的心生出化心來。他之所以需要化心和化身，是出於慈悲心，爲了造福世人，解救眾生的疾苦。

這種理念在大乘佛法中發揮到了極致，就是所謂的菩薩道。菩薩，是已經到了可以進入涅槃的地步，可是他立下誓願必須要度盡所有眾生之後自己才入涅槃。這是出於他的抉擇。《瑜伽經》中雖然沒有提到「菩薩」，但是道理是一樣的。

弓箭手知道如何控制力度，所以射出的箭不至於越過目標，也不至於射不到目標就落地。同樣的道理，已經解脫了的瑜伽士使用他「有我」的力度，也會恰到好處，所以他能控制化身、化心存在的久暫。這是因爲他能完全控制那個「流注」（āpūra）的力度，讓原物流注到那個全新的化身中，給予它特殊的感官功能和能量。

有時候，瑜伽士不用造化身，就直接使用弟子的身體。那時弟子的身體就成了上師的化身，而弟子的心就成了上師的工具。例如，表面上是弟子在講課，其實是上師在講。有時別人會對我說：「斯瓦米吉，您今天講課實在太精彩了！」我卻毫無記憶自己說了些什麼，我想把它寫下來都做不到。要進入這樣的境地，我往往得在上課前靜坐好幾個小時，然後上師才會用我的身體來教你們。我這可不是在說神話。

很多西方人士對於這種所謂的「超自然」現象和能力似乎會有所忌諱，但是在瑜伽則不認爲這是「超自然」，因爲連「自然」都受到瑜伽士的掌控。你我能夠用手轉動門把來開門，貓則會認爲這是神通，因爲對於貓而言這是「超自然」的。其實，所謂的「超自然」是不存在的，這些現象和能力都在自然的屬性裡。我們見到具有這種能力的人，會起一種敬畏甚至恐懼的反應，完全是因爲自己做不到而他居然可以的心理在作祟。

譯註：

❶譯者通常將「ahaṃkāra」中譯為「我執」。

IV.5 pravṛtti-bhede prayojakaṁ cittam ekam anekeṣām

於異行，一心控多。

經文拆解註釋

pravṛtti-：傾向，行爲

bhede：（於）不同

prayojakaṁ ：操控者

cittam：心地

ekam：一

anekeṣām：多數（之）

全段白話解讀

瑜伽士是用一個心

來操控所有化身種種不同的行爲。

第4經已經說明了，瑜伽士造出來的許多化身都有各自的化心，而這些化心是由瑜伽士的「有我」所造出來的。那麼，這些化心是否有同樣的意念、同樣的目的、同樣的思想，還是都不一樣？然後，這些同時存在的化心又受誰所控制，如何控制？答案是，其中有一個心是所有其他化心的「控制者」（prayojaka），像是一粒星火能引燃許多火。一個心控制著許多化心，所以每一個化身的種種不同行為，都是由一個統一的心所指揮。

你會說，這哪有可能？可是有些人會想，太好了，我們應該發心讓自己也能做到。可是，等到下課了，你們離開教室，過了一會兒這種心願就揮發了，不見了。不過，即使這種發心只維持了幾分鐘也是很好的，即使如此也會在心中留下一個很殊勝的心印。你們來到此地聽講，目的不是要得些什麼知識，學些什麼技巧，而是要讓老師為你種下那樣的心印。請你要記住這句話。由於重複地刻印這些心印，它們會變得有力，因此你很自然地會起這些好的念頭，做這些行為。那才是你們要坐在這裡聽講的目的。

你們也不要以為這些都是神話。你覺得這些聽來像是神話，是因為你從沒有遇見過一位瑜伽士。不是滿街的自稱為瑜伽王、瑜伽仙的那些人，而是眞正的瑜伽士，眞正有成就的大師。我希望，也祈禱你有天能遇見一位，如果你夠幸運，福報夠的話。

有人會懷疑，瑜伽士怎麼有可能控制那麼多的化心，一個心怎麼能同時去控制那麼多化身的心？這個道理就像是你的一個心能同時控制你身中所有的「氣」以及所有的感官。一個心是怎麼做到的？心是怎麼能同時覺知到眼睛所見、耳朵所聞、鼻子所嗅、舌頭所嚐、皮膚所觸？同時還能夠行走，或是用電腦？這是因爲心念的速度是無法想像地快。

印度古代的兵法記載，當城堡被數量占優勢的敵軍團團包圍，守軍人數不足時，要塞的指揮官就命令士兵快速地在城堡上四處移動，顯得好像城內守軍人數眾多。我們的心就像是那位指揮官，它在眼內、耳內、鼻內、舌內移動，同時還能夠思想，它似乎是同時在做所有的功能，然而你不會覺察到它是在移動的。你以爲你是持續地在看，持續地在聽，其實只是刹那、刹那、刹那的視覺和聽覺。

（斯瓦米韋達請人在黑板上畫一條線。）

告訴我，你看見黑板上面是什麼？一條線？不是的。你看見的是許多的點。點是什麼？基礎的數學教科書告訴我們，點有位置，但是沒有規模和質量。這麼多點、點、點、點，一個一個緊緊接在一起，所以它們看起來像一條線，它們形成一條線，但是線不存在。

（斯瓦米韋達請人將線畫成三角形。）

現在它是什麼？三條線以特定的角度相交，形成了一個三角形，但其實仍然只是點、點、點、點、點。點沒有大小規模，所以三角形哪來的大小？我們再談下去就要談到量子物理學，但那不是我們要談的題目。

你用手臂在空中劃過去，你以爲那是一個連續的動作，其實是手臂在空中的每一個點銜接起來形成一個連續動作。手臂所到的每一個點，心都在那裡。當年我的上師爲我啓引，整整三天我的心地都處於一個奇特的境地，我記得能觀察到自己手臂的動作不是連續的，而是由一個一個的點銜接而成，我能看見每一個點。那時我才眞正了解到「斯般達」（spanda）❶這個字的意思，但那又是另一個題目了。

所以你的心能同時顧到你的「氣」、所有感官、所有器官、自主以及非自主的作用，包括消化、呼吸等等，都只用到一個心。究竟你的一個心如何能同時間顧得上身體中這麼多的功能？這也就是爲什麼瑜伽士能用他的心去操控所有的化心和化身，去完成他所想要做到的事情。

我們傳承中有一個詞彙：mānasa-putra（心子），意思是由心念所生出來的兒子，「心女」是「mānasa-putrī 」。對一位偉大的上師而言，他的弟子就是他的心念所造出來的子女。弟子的心成了上師心的產物。如果你無法成爲上師的話，我祝願你至少能成爲偉大上師、傳承的心靈子女。像我的上師常常在介紹我的時候，就稱呼我是他的「心子」。

前人在註釋這句經的時候給了一個比喻。你點燃一支火炬，拿著火炬在空中快速移動，看起來就會形成圓圈、波浪、線條。但那是圓圈、是波浪嗎？其實是心的作用，心觀察到火炬所劃過的每一個點，而感覺上像是心同時看見所有的點。❷他又做進一步解釋，但是你需要先讀過第三篇第54經：

> tārakaṁ sarva-viṣayaṁ sarvathā-viṣayam akramaṁ ceti vivekajaṁ jñānam
>
> 能解脫，知一切境及一切狀，非次第，此乃明辨慧所生智。

你可以回頭讀我對這句經的解釋，瑜伽士到這個地步得到的是由直覺來的智慧，而直覺智慧其中一個定義是，它不是依邏輯的順序而生起，是在一剎那間全體同時閃現。❸所以，連我們這些還沒有得直覺智慧的人，受到自己的情緒和理性思維所迷惑的人，都能夠用自己的心同時起到這麼多的功能，至於那些已經得解脫智慧、具有直覺的瑜伽士，他的本事不知道大過我們有多少，當然能夠同時控制那些他造出來的不同化心和不同化身，來完成需要執行的使命。

你可能會問，我的心在我身中，如果我成了一位瑜伽士，能造出來另一個心，那個心會在另一個身體中，我怎麼能控制得到？

這時你就必須要明白《瑜伽經》中關於心的理論。你以爲你的心是你的，他的心是他的。但是《瑜伽經》的主張是，心是「vibhū」（周遍一切）。心是一種能量，是遍及一切處所的能量。我在美國加州的

一個實驗室中證明了這一點，以後會把這個經驗寫出來。現在不多談。❹

因此，在心中，是沒有距離的。母親肚子裡所懷胎兒的心，跟母親的心是不同的，還是同一個心的一部分？弟子的心在上師心中，正如同母親肚中胎兒的心。那就是上師與弟子的關係。古老的吠陀真言說：「上師納弟子於胎中。」在心中是沒有距離的，所謂的距離是你自己造出來的人爲限制。這個道理不必是瑜伽士也知道，能做集體催眠的人運用的就是這個。

印度古代的神學理論中有個詞彙「avatāra」，字面意義是「走下來」，宗教上的意義是「神明的下生轉世者」，不一定是成爲肉身形體的人類，也有可能成爲能量的形體，也不一定是在特定的國度，有可能是在其他星球、其他銀河系，說著不同的語言，創立不同的宗教。這個詞彙後來成爲了英文的「avatar」。然後，另一個詞彙「aṃśāvatāra」 是「aṃśa + avatāra」的複合字，「aṃśa」的意思是「部分」，所以「aṃśāvatāra」是指神明的部分下生轉世，一部分的化生。神明有部分的化生，瑜伽士也會有部分的化生。

我們知道，有的瑜伽士選擇解脫，進入涅槃，捨去了心的載體，此後純粹以覺識的形態存在。如此的瑜伽士就不會有化身，不會再以能量形態或肉身形態化現。選擇繼續化現的瑜伽士，有時候是以能量身化現，成爲光的形態。你試著觸摸這種化身，什麼都沒有，手會穿透過去。這種化身不會有影子，這是一種特徵。他不會眨眼，這是另一種特徵。他會足不點地，又是一種特徵。

很多人對一位傳聞中的摩訶轉世者巴巴吉（Mahāvatār Babaji）很感興趣，他是近代瑜伽傳奇人物瑜伽南達（Paramahaṁsa Yogananda）的太老師。你們要曉得，巴巴吉不是一位，所有那些具有大神通的瑜伽士都是以光的形態現身。假如他們有三位站在一起，看起來都一樣，你無法區別誰是誰，都是光的形態。

我曾經就這一句經跟斯瓦米拉瑪做過一次很長的討論，他告訴我，這些化心、化身是有大成就的瑜伽士以及已經捨棄肉身的大聖人，所投射出來的。那麼，這些化身的肉體怎麼辦？瑜伽士是否要安排很多喪事，是否每一個化身的死亡都要辦？不必的，這些化身是怎麼來的，就會怎麼消失。原物的能量有「流注」（āpūra），也同樣會有「流失」（apagama），這些概念前面已經講過了。自然的能量有聚，同樣地就會有散，是同一個過程。當不再需要的時候，這些人造的化心就會退下，就會滅失。

當你證得了「神力」（prabhu-śakti），神的威力就會在你身中。神能夠使喚規模宏偉的宇宙，你在自己那小規模中也能做到。經典有云：「具有神力的人能將自己由一變成多，然後又可以將多收攝回一。」瑜伽士變出多個化身來，他也能知曉這些化身所體驗到的一切。

斯瓦米拉瑪以前在尼泊爾的山上有一所道院，後來尼泊爾的皇室對他很有意見。❺一天晚上，在道院中，我們正圍坐在他身邊聽講，他坐在自己的「杜尼」（dhuni）❻火堆前。忽然他笑出聲來，然後說：「我就知道！」我們問他發生了什麼事。他說：「我剛去聽，他們正在宮裡面議論我。」所以他可以有一個身體在深沉的定境中，用另一個身體來教學，來指導弟子，還可以有一個身體去到天界，聽聞那邊的事，然後他可以把它們全部收回來，就像是太陽在日落時把它的光芒從地表收回去。所有這些心，也就是我們在此處說明的化心，都是受他的本心所控制。那些化心的作用和意圖，就是他本心的作用和意圖。

講到這裡，我要特別交代一下。因爲身體因素，我必須大量減少講課的時間，說話這件事會對我的心臟肌肉造成很大的負擔，昨天講完課之後，整晚都處於疼痛中。因爲今日白天我有機會休息，現在才能來講課。這是我最後一次的講座課程，明年（2013）的3月，我就要進入靜默。我已經留下了超過五千個小時的錄音，大家可以去聽。傳承裡還有其他的斯瓦米和老師可以指導你們。

斯瓦米拉瑪的書，以及我寫的一些文章，都有給大家很多指引。斯瓦米拉瑪的書，例如《善用情緒》、《樂活之藝》、《擇道而行》，❼你們去讀，凡是你個人生活中所遇到的問題都可以用上。如果你切實遵照這些書裡給的指引，用靜坐冥想把你的心靜下來，當你面臨問題時就不會覺得難以應付。古諺有云：「歡樂之因百，憂愁之因千；不事靈修者，日日面臨之。」（śoka-sthāna-sahasrāṇi harṣa-sthāna-śatāni ca, divase divase mūḍham āviśanti na paṇḍitam.）❽學會如何應用智慧，就能超越這些日常的小苦小樂。

譯註：

❶斯般達（spanda）：意思是「自發的震盪」，是喀什米爾希瓦教派的理論。

❷也就是所謂「視覺暫留」的影像。

❸這非常類似禪宗所謂的：「一念不生全體現，六根才動被雲遮。」此為五代張拙的開悟偈。

❹請參閱斯瓦米韋達所著的《瑜伽經白話講解．必普提篇》第25經之記載。

❺這是在尼泊爾皇室發生滅門槍殺案之前的事。此後尼泊爾廢除君主制度，改為共和國。至於當年皇室與斯瓦米拉瑪之間的事，在《與一位喜馬拉雅大師同行》（*Walking with a Himalayan Master* by Justin O'Brien）書中有提到斯瓦米拉瑪受到皇室幕後操縱的不公騷擾，最後將他在尼泊爾的道院關閉這段事。

❻杜尼（dhuni）：修行人生的一個小火堆，坐在火堆前從事冥想。

❼《善用情緒》（*Creative Use of Emotions*）尚無中譯。《樂活之藝》（*The Art of Joyful Living*）已有中譯，繁體版書名為《心的嘉年華會》，簡體版書名為《樂活瑜伽》。《擇道而行》（*Choosing the Path*）尚無中譯。

❽出自史詩《摩訶波羅多》（*Mahābhārata*）。

心地・關於業、心印、習氣

第6～11經

IV.6 tatra dhyānajam anāśayam

其中，由禪定而生者無殘心印。

經文拆解註釋

tatra：那些（之）

dhyāna-jaṁ：禪定而有

an-āśayam：無殘餘心印，非業庫

全段白話解讀

那些具有悉地的五種心之中，
由禪定而來的，
既不是由業庫中的心印所引起，
也不會在業庫中留下殘餘的業力心印。

第四篇第1經提到，悉地可以由五種方式得來，分別是由前世帶來，由服藥而有，由持咒而有，由苦行而有，以及由三摩地而有。其中，前四種方式都會在「業庫」（āśaya）中留下心印，只有由禪定方式所生的（dhyāna-ja）不會造業，不留下心印（an-āśaya）。

很多人在學習乃至講授本篇第1經時，不明白第1經和其後一直到第7、8經是要連起來理解的，不能單獨劃分開來。如果不連上後面這些經句，就無法如實讀懂第1經。之後才會帶出一些其他的題目，我們在講到第7、8經之後的經句再做說明。

本經第一個字「tatra」，是「那些」，所指的是哪些？就是第1經中所說，所生起的五種心。我們在《薄伽梵歌》中讀到：「此生不成就瑜伽者，來世生為墮瑜伽（yogabhraṣṭa）。」他必須來世再修，但是他會在出生時帶來一些悉地。這就是第1經所說的生而得之悉地。然後還有服用草藥和煉丹得來的悉地，這是第二種。第三種是經由持咒得來。第四種是經由從事刻苦修行得來。第五種是由禪定三摩地而得。

這五種悉地又分為三個等級。最低一等是因出生和服藥得來的。這兩種悉地的心念之作用，即所起的心念（vṛtti），是第一篇中所謂的「不善心」（kliṣṭa-vṛtti），會引起第二篇所講的五種「煩惱」（kleśa）。至於由咒語和苦行得來的是第二等，它們帶來的悉地能產生善心（a-kliṣṭa-vṛtti）的心印，有助於得解脫。《瑜伽經》所承認的第一等悉地、瑜伽眞正的悉地，只有經由禪定、證到了最高三摩地之後所帶來的悉地才算。這就不是由過去的心印和習氣所帶來的。

生而得之地悉地，是由過去的心印和習氣帶來的。此生從事咒語和苦行能帶來悉地，是由於這行爲所產生的心印而有。例如，持誦「嘎內夏咒」（Gaṇeśa-mantra，象頭神咒）之人，他可以一個姿勢完全不動連續坐上五個小時；從事「凝視法」（trāṭaka）苦行之人，可以用眼對望的方式將能量傳輸給別人，或者他可以用眼神催眠他人。世俗之人見到或聽到有這種本事的人，都會大爲折服，拜他爲上師。但我可不接受。我求的不是這些。我要問，他有得到解脫了嗎？他是否證得「正覺」（saṁbodhi），終極的開悟？

有一次，斯瓦米拉瑪對我說：「讓我賜你一些悉地。」我垂首合十恭敬地答道：「上師天，我對悉地毫無興趣。如果可以的話，請賜我三摩地。」是的，在別人眼中，我好像有些悉地，我可以保持這個姿勢坐上幾個小時不動。可是，這種悉地對你有什麼用呢？我不會爲人讀手相，無法預測未來，不能保佑你兒媳婦一定產子，不能保佑你孩子通過考試。所以我是個無用、完全沒有用的斯瓦米！曾經有人寫電子郵件給我，要求一個咒語讓他打敗身邊的小人。唉！難道斯瓦米沒別的事做了嗎？這些和瑜伽有什麼關係！

我做持咒的工夫，目的不是爲了得悉地。但是，梵文諺語說：「前往村落的路上，總不免會沾到草。」（grāmaṃ gacchan tṛṇaṃ spṛśati.）所以如果它不請自來，好的，我接受，我會把它用於自己的靈性增長。

「āśaya」是「業庫」，是所有業力習氣和煩惱習氣貯存的所在。因爲有它，所以我們的人生會選擇某個方向。因爲有它，所以我們會起種種欲望。因爲有它，我們的業力和煩惱產生了果報，所以我們會經歷到種種的喜樂或憂愁。

我們必須了解，我們的煩惱（第二篇中所定義的各種煩惱，你要仔細閱讀學習）即使沒有外在的誘因也會生出心印。例如「死懼」（abhiniveśa），對死亡的恐懼，就是一種執著（或者說是種愚癡），有人坐上飛機就會想著死亡，有人看見蜘蛛會想到死亡，都是一種恐懼症。

這些煩惱會生出心印（saṁskāra）和習氣（vāsanā）。「習氣」這個詞彙很深奧，我們需要好好認識它。有個偈子說：「以婆蘇天之香故，三世界均帶香味，汝爲眾生之香氣，噢，婆蘇天！吾稽首。」（vāsanādvāsudevasya vāsitan te jagat-trayam，sarva-bhūta-nivāso'si vāsudeva namo'stute.）❶其中的「香味」就是vāsanā，有神的「天香」（īśvarīya-vāsanā），也有眾生的香氣。《伊莎奧義書》（*Īśopaṇiṣad*）中也有句眞言說：「此整個世界，世界中一切動者，均充滿了神的香氣。」（Īśāvāsyam idaṃ sarvaṃ yatkiñca jagatyāṃ jagat.）這裡「vāsanā」是受薰香的意思。你我在衣服上灑些香水，衣服被薰染了氣味，不論是好聞還是難聞，都是「vāsanā」。好的薰染（suvāsanā），能讓我們起正念、正思維、正業行。不好的薰染（durvāsanā）則會起相反的效果。

由出生、服藥、持咒、苦行這四種方式而來的悉地，有可能爲我們的心帶來好的或是不好的薰染。只有經由禪定而來的，不會有任何薰染。

講到「禪定」（dhyāna， 靜坐、冥想），大家往往以爲我們每天都在練習禪定。其實那些都只能算是在做禪定的準備工夫而已。在本句經，禪定指的是三摩地，而且是最高的三摩地。我們每天在習練的，在試著做到的，是低階的禪定，例如咒語冥想等等，並不是此處所謂的禪定。當然我們要大家做的咒語冥想，以及其他的冥想法，會在我們心中業庫留下印記，而且是好的印記、好的薰染。

三摩地，我們說的是最高的三摩地，不會在業庫中留下印記薰染，無論是好的或是不好的薰染都沒有，所以說它不會有殘餘心印。

譯註：

❶斯瓦米韋達沒有提到出處。

IV.7 karmāśuklākṛṣṇaṁ yoginas tri-vidham itareṣām

瑜伽士之行爲非白非黑，他人三種。

經文拆解註釋

karma-：行爲

a-śukla-：非白

a-kṛṣṇam：非黑

yoginaḥ：瑜伽士（之）

tri-vidham：三種（之）

itareṣām：其他（之）

全段白話解讀

瑜伽士的行爲不屬於白業，

也不屬於黑業，

其他人之行爲則是

白業、黑業、混合黑白三種。

威亞薩提到，前一句經說，瑜伽士的行為不會留下任何心印，也就是不會造業。那麼其他人的行為呢？

這一句經將所有的行為分為四類，用顏色的比方來說：白、黑、混合、非白非黑。瑜伽士的行為屬於非白非黑。其他人的行為則屬於其他三類。

黑色是出於明確的惡意，違反了「夜摩」戒律和「尼夜摩」善律的行為。惡人的行為是黑色的。

混合，是不容易明確區分黑白的行為，我們在學習第二篇的時候提過。有些行為主要是白的，但是其中附帶了一些黑色的。例如，善良的農夫在犁田的時候，無法避免會傷及田裡面的昆蟲。軍人要盡忠職守是白的，但是無法完全避免黑色的暴力行為。外在的種種祭祀儀式典禮是白的，但也都不免會傷生。這些例子都是屬於混合黑白的行為。一般人的行為，絕大多數都是屬於混合的。

至於純白的行為則不屬於外在行為，因為外在的行為絕無可能是純白的，無論多麼善良的行為總是會有沾到些許黑色。所以只有內在心念的作為才有可能是純白的，例如苦行、祈禱、持咒、自習、禪定等等。這種內在的修持有一個字叫做「內供養」（antaryāga），一切祭祀供養都在心內為之，是能夠到「有智三摩地」的境地。

瑜伽士的行為既非白又非黑。這是已經斷除所有「煩惱」，此生已是最後一次輪迴轉世之人。「非黑」是因為他已經斷除了惡念。「非白」是因爲他已經完全做到無執、斷捨離。我們持咒、苦行、冥想是造白業，瑜伽士也持咒、苦行、冥想，卻不算白業。區別在於我們做這些行爲還不能無執，還有所求，會圖個什麼果，像是名利供養、長生不老、升天、成佛作祖等。瑜伽士完全捨了，他無所求，連那個「我」的念頭都沒有了，根本沒有了「是我」在打坐、「是我」在持咒的想法，所以不算造業，連白業都不算。

這並不代表瑜伽士因此什麼都不做了，他的身體還在，就必須會有所作爲，只要他的心沒有斷滅，就會有念頭。但是他知道，是「有我」、是「我執」在行爲，不是「本我」在行爲。本我本自具足，自然無求，不會去圖任何的果。所以，開悟不會是瑜伽士懶惰逃避責任的藉口，他仍然會積極任事。

有人提問，我們怎麼知道某人是位有成就的瑜伽大師？他有什麼特徵跡象？首先，你必須要知道，眞修行之人有何跡象，你才能看出來大師的跡象。你要知道誰是修行人（sādhaka），就要去讀我有篇以「心靈進步的跡象」❶爲題的文章。你要先做到這個，先成爲一位修行人，你才能認出誰是修行人。其次，你永遠不會知道誰是眞正的瑜伽士，除非你也是一位有成就的瑜伽士。如是之人才知如是之人。其他人都只是在猜想，更別說有些根本是騙人的。如今好像騙人的居多。

你永遠不會認出誰是有成就的瑜伽士，除非他刻意要讓人認出來。否則有時候他們刻意做出讓人憎惡的行爲舉止，你遇到了都要避之唯恐不及。譬如說，他們會對你扔石子，會對你吼叫，要你走開，因爲你去見他們之前沒能淨化自己。所以，如果他不想被你認出來，你就不會知道他是誰。他會賜給你能見到他的眼睛。

瑜伽士是眞解脫之人。目前我們都還是受到束縛的人，你以爲你是自由的，然而，只有能不受自己心地束縛之人，才是眞自由、眞解脫者，才是到了「獨存」境地之人。威亞薩說，如此的瑜伽士叫做「saṁnyāsin」，是出家人，捨離一切之人。如今，任何人只要一披上橘紅色的袍子就叫做「saṁnyāsin」，跟這裡的意思不同。在《瑜伽經》中，這個字的意思是「斷捨了心地之人」。

古代大師所描述人生的四個階段中，第四階段叫做「出家期」，分爲兩個層次：「知者出家」（vidva-saṁnyāsa）以及「求知者出家」（vivedeśa-saṁnyāsa）。「vidva」的意思是知、智慧，「vivedeśa」的意思是求知。這二個字都是由「√vid」這個字根而來，例如：veda、英文的「聰明、智慧」（wise, wisdom）、德文的「知」（wissen）。知者是知什麼？知「阿特曼」（ātman）、知本我，要是他眞開悟了，就一切都捨，即使他可能是個連自己的名字都不會寫的人。我們這樣的小人物是屬於「求知者出家」（vivedeśa-saṁnyāsa）層次。眞正的斷捨之人是知者、智慧者。求知者仍然沒有到位，希望有一天自己終於變成知者，那時候你才算是上師，你才是得解脫之人，此前都不算。

威亞薩也用了另一個字「最後身者」（carama-deha）來形容這樣的瑜伽士，意思是此生是最後一次人身。我們都不知道自己經歷過多少個身體。我最喜歡的例子是一位名叫善慧（Sumedhā）的婆羅門，他發願未來終有一世終有一日要完全證悟。從婆羅門善慧到釋迦牟尼佛，經過了五百世。這五百世中發生過的事，都記載在一套名叫《本生經》（*Jātakas*）的巴利文典籍中。依佛教的說法，修行路上證道的果位在成為「阿羅漢」（arhat）之前有三層：

- 「須陀洹」或「預流果」（梵文為 srota-āpattin；巴利文為 sota-āppana），是入流者，受到啓引，進入了覺性之流，向覺性大海前進。
- 「斯陀含」或「來果」（梵文為 sakṛd-āgāmin；巴利文為 sakad-āgāmin），是只要再轉世一次就可以成阿羅漢。
- 「阿那含」或「不還果」（梵文為 anāgāmin；巴利文為 anāgāmin），和此處所說的「最後身者」一樣，這一生是最後一次的人身，不會再入輪迴。佛陀就是到了這個果位。

講到這裡，我要提一個故事，故事很長而我們時間有限，只有長話短說。佛陀有一位在家人弟子，名叫給孤獨長者（Anāthapiṇḍada）❷，是舍衛城（Śrāvastī）中一位大富之人。

有一天，給孤獨長者去外地拜訪姻親，只見姻親正在家中忙著張羅布置。一問之下，原來明天佛陀要到來，因此他才見到佛陀，成爲佛的弟子，接受啓引入了須陀洹果位。他懇請佛陀前往他的家鄉弘法，佛陀也應允了。給孤獨長者爲了迎接佛陀以及跟隨的眾多弟子到來，需要找一塊清淨的地方修建一座寺院。結果他找到了一塊芒果林地，地主是一位太子名叫祇陀（Jeta）。祇陀太子不想出讓園林，就戲稱代價是要用黃金鋪滿林地，不料給孤獨長者眞的拿黃金鋪在林地上，只剩下一小塊地方沒有舖滿。祇陀太子受到感動，自己也拿出黃金將剩下的林地鋪滿，並且將林地捐出。最後雙方將所有的黃金用於建設寺院來供佛。這個地方就叫做「祇陀樹林」（Jetavana，或者稱祇樹林、祇園、祇園精舍），遺址今天還在，你們可以去參訪。

給孤獨長者的一個女兒病危，臨終前，她稱呼父親爲她的弟弟，長者百思不解。女兒過世後，他去問佛陀。佛說：「她沒說錯。我曾經給你須陀洹果的啓引，而我給她的啓引是更高的斯陀含果，所以你是她的弟弟。」

回到《瑜伽經》，威亞薩說，「最後身者」已經完全斷捨了他所有的行爲（karma）和修行（kriyā）的果實。你要注意到他這裡用了兩個字，「karma」和「kriyā」在英文都同樣被翻譯爲「actions」（作爲），但是在《瑜伽經》中是兩回事，前者是你的所作所爲，後者是你修行的行爲，爲了達成某種目的，特別是心靈的目的，所從事的修行，是在加行，也就是加工。《瑜伽經》第二篇開頭第1句經裡有一個詞「奉神」（īśvara-praṇidhāna），在《瑜伽經》出現了好幾次，每一次都具有不同的意義。希望你們不要只聽我講，自己一定要回頭去讀。威亞薩在註釋那句經的時候，對這個名詞的定義是：

> 奉神乃盡捨彼一切修行之果實，做為對至尊上師之供奉。
>
> īśvarapraṇidhānaṁ sarvakriyāṇaṁ paramagurārpaṇaṁ tatphalasaṁnyāso vā

他說，「奉神」（īśvara-praṇidhāna）是「捨棄」（saṁnyāsaḥ）「所有」（sarva）「種種修行」（kriyā）的「果實」（phala），做爲對「至尊上師」（paramaguru）❸之「供奉」（arpaṇa）。能夠捨，才是「行」（kriyā），才算是「行瑜伽」（kriyā-yoga）。

說到捨棄，我發現來自西方的學生和來自亞洲地區的學生有一個不同之處。在西方，他們會問，我領了這個咒語之後有什麼好處？我常遇到這樣的問題。印度有一部分人會這樣問。但是我遇到的來自韓國、臺灣的學生，他們問的是，這個咒語在我死後是否還會跟著我？

所以威亞薩在解釋第四篇第7經時所用到「斷捨之人」（saṁnyāsin）這個詞，那個斷捨的意義，在他對第二篇第1經的註釋中已經講過了，能做到這個地步的人，就是他所謂的「斷捨之人」。因此這種人的行爲既非白業，也非黑業。

譯註：

❶ 該文已經翻譯收集在斯瓦米韋達．帕若堤所著的《瑜伽就是心靈修行》中〈第16課：心靈進步的跡象〉。

❷ 給孤獨長者的本名為須達（Sudatta），因為樂善好施，經常救濟孤苦無依之人，所以被稱為「給孤獨」（Anāthapiṇḍada，anātha為「孤兒」，piṇḍada為「布施者、護持者」）。他和祇陀太子合力興建的寺院，後來成為佛陀經常住錫說法之場所。

❸ 請參閱《瑜伽經》第一篇26經。至尊上師就是《瑜伽經》對「神」（īśvara）的定義之一。

IV.8 tatas tad-vipākānuguṇānām evābhivyaktir-vāsanānām

由彼等，唯依其之業熟爲習氣之顯現。

經文拆解註釋

tataḥ-：由於

tat-：它們（之）

vipāka-：業報成熟、結果

anuguṇānām：依循（之）

eva-：唯有

abhi-vyaktiḥ-：顯現

vāsanānām：習氣（之）

全段白話解讀

由那些白、黑、混合的三種業行，

所顯現的習氣是依業報成熟而有。

（譯者按，講課前，斯瓦米韋達坐下來，助理們正忙著將麥克風掛在他身上，他發現課堂中聽講的學生目光都集中在他身上，就開口說：「爲什麼望著我？該回視你們自己！」）

（簡短的靜坐導引）

進入你對自己的覺知中——
沒有形狀。沒有限制。沒有過去的剎那。沒有未來的剎那。
沒有高矮。沒有名字。沒有年紀。
只有純淨的自己。純淨的覺性……

（約一分鐘後）

在寂靜的心境中，保持這樣的覺知……
於內在靜默的國度中……
你就是阿特曼、本我……
Om
額頭保持放鬆……
輕輕睜開眼睛。

Om hari om

你們務必要記得，我們這裡所講的知識不是理論，不是爲了要建立學說或教條，不是爲了要建立什麼信仰，而是要講眞正的「yogi」瑜伽士所經驗到、所觀察到，自己心念、行爲、喜樂憂愁等等的過程 。今天任何人只要前彎時鼻子能碰到膝蓋就自稱是瑜伽士，那不是《瑜伽經》所謂的瑜伽士，不是我們這個道院所謂的瑜伽士。

我們的目的是要試著了解那些大師是如何做到的，不是要建立一套宗教或信仰的體系。據我所知，世界上七十億人口中，大約有一半是相信有這樣或那樣的業報這回事。不同的哲學家，對這個道理的理解都有所不同。我強調，我們學習《瑜伽經》第四篇的目的，不是在建立宗教或信仰，而是要清出一條內證之路，所以能有經由實證得來的知，不是得自書本的知。

所以，問題來了，既然我們是求解脫，爲什麼還要花力氣去學習這些哲學、這些修行方法？既然過去的心印習氣可以爲我們帶來種種的喜樂和憂苦，爲什麼沒有心印習氣可以爲我們帶來解脫？我們現在學習的這幾句經，就是在解釋業報的過程，就是在回答這問題。

上一句經說，不是瑜伽士的人，他們的「行爲」（karma， 業）分爲白、黑、混合三種類型。現在這一句經說，這三種行爲會依照它們「該有」的（anuguṇa）「果報」（vipāka）「顯現」（abhibyakti）爲特定的「習氣」（vāsanā）。習氣是一種心理的傾向，是一種慣性。

繼續解釋這句經之前，我們必須要明白，誰是這個「你」，誰是這個「我」？你不只是一團物質而已。我們的那個本來，那個阿特曼、本我、覺性之力，它外面裹著什麼東西？有的說是裹著三層東西，好像這個世界如此之寒冷，阿特曼需要穿三層衣服似的。有的說是穿著五層衣服。這些就是所謂的「三身」和「五身層」的學說，而瑜伽士是能脫除所有這些外層之人。

所謂「三身」就是：「因身」（kāraṇa-śarīra 或 liṅga- śarīra）、「細身」（sūkṣma- śarīra）、「粗身」（sthūla- śarīra）。要了解什麼是三身，你還必須要先了解數論的種種分類。我現在將三身所對應的數論分類列出來，但是我無法一一解釋：

・因身

它在數論所對應的分類「諦」（tattva）中，是「原物」的第一個衍生物「大」（mahat），就是一個巨大的「布提」（buddhi）。它也稱爲「金胎藏」（hiraṇya-garbha），是宇宙世界的第一個上師。我們在學習諸如數論、瑜伽、吠檀多的典籍時，不是在討論這個微宇宙（指身體）。你把這個肉身當成是你自己，但它在整個宇宙（brahmāṇḍa）中，不過是一顆粒子。宇宙的廣闊是你無法想像得到的，更不要說「無限」是什麼。那個瀰布在整個宇宙中，以整個宇宙爲身，劫復一劫，宇宙生了又滅，滅了又生，循環不已的，那個「大」、「布提」，就是金胎藏，就是「大梵天」（brahmā）。

・細身

這是連結前面講過的「因身」以及後面要講的「粗身」之間的環節。在我們學院中長期學習的學生大概都讀過一本書叫做《吠檀多要義》（*Vedānta Sāra*）❶，這是一本「吠檀多」哲學的入門讀物，給初學之人讀的概論，裡面對於什麼是「細身」有所說明。「細身」所對應的數論分類有十七個「諦」，你要去學習數論才能明白。這十七「諦」是：

- 五「唯」（tan-mātra），聲、觸、色、味、香。要注意，很多人會把它寫成及讀成tan-matrā，長音跑去了字尾，是不正確的。應該是tan-mātra才對。「唯」是形成粗大的五大元素後面的精微成分。「tan-mātra」這個字的意義非常獨特，「僅僅是那個」，就是這個字的意思，表示它僅僅是那粗大元素的潛在勢能。
- 五「知根」（buddhi-indriya或 jñāna-indriya）是由那潛能發展出我們的五個感覺官能（耳、身、眼、舌、鼻）的精微形態。
- 五「作根」（karma-indriya）是由那潛能發展出我們的五個行爲官能（口、手、足、生殖、大小便排泄）的精微形態。
- 「意」（manas）和「布提」（buddhi）二「諦」。

・粗身

數論所對應的分類是五大「元素」（bhūta），地、水、火、風、空。

粗身就是我們這個肉身，這個你視爲是「你」的微宇宙，只不過是那個大宇宙的一件小小展示品而已。它也許只能維持六十年乃至一百年，相對於宇宙的生滅循環，劫復一劫，算得了什麼？瑜伽士就是活在那種宇宙的意識規模弘度中。因此，他對於我們所謂的歷史，有非常不同視野的，他對於我們個人的人生歷史經歷，觀點是跟我們大不相同的。

已經解脫了的生靈，可以選擇保留自己的「因身」及「細身」，而「粗身」則已經脫除了。所以他可以只捨棄自己的肉身，那不過是一層衣服罷了。你每次換下自己破舊的襯衫時，你是否會爲它舉行什麼儀式？爲它傷悲？通知親朋好友？那只不過是一件衣服罷了。爲什麼世人會爲一件外衣如此大費周章？記得當年我打算要動心臟手術時，上師斯瓦米拉瑪打電話給我，我問他是否該動這個手術。他說：「你是怎麼回事？衣服破了就該去找裁縫把它縫好。有什麼大不了，爲什麼要擔心手術？」瑜伽士脫下他的身體，就像你脫下一件外衣一樣容易，也能訓練弟子做到同樣的事。

在梵文中，要表達「身體」這個概念就有五個名詞：kāya、deha、gātra、śarīra、tanu ，每一個字都有些許不同的意涵。「kaya」是由許多部分組合而成。「śarīra」是會分散的組合，梵文成語說某人「進入了五」，是說某人去世了，回到了「五」，五大元素散開了。「gātra」是會動的器具，你眼睛會動，腳會動，你會從倫敦來到瑞斯凱詩。

「tanu」是指稱身體最古老的字，在吠陀經典中就有了，是非常微妙的字，是意識延伸到其中的那個個體。當我們活在身體中時，以爲身體就是我們的意識。等你解脫了，就不再把身體認作自己。所以「tanu」也有「自己」的意思。

「deha」則是非常有意思的字，在英文中有兩個字可以用來翻譯它，第一個字是「unguent」（敷油膏），將皮膚洗淨，然後將油膏塗抹在身上。印度女性在婚禮時要用一種含有薑黃成分的泥漿塗抹在身上，那就是「unguent」。有人喜歡用檀香的泥漿抹在身上也是。另一個意義比較深刻，也比較少人知道的字是「chrism」（聖油），是在行基督教聖禮時抹在身上聖化之用的油膏。例如西方的國王在登基大典時多會用到「chrism」，與「基督」（Christ）這個字有關。「Christ」又是由希臘文的「christo」而來，而這個概念其實源自於無上密法「室利毗諦亞」（śrī vidyā），因爲通過了全部「室利毗諦亞」每一個地步之人，叫做「pūrṇābhiṣeka」，是完全、圓滿聖化之人。當你成了圓滿聖化之人，你的身體就不再是普通人的身體，就是「chrism」的意思，但當你是凡人時，你的身體是「unguent」。所以你是要繼續成爲「unguent」，讓它腐朽，或者成爲像基督一樣的「chrism」，決定權完全在你。這就是「deha」這個字的深刻意義。我不知道你們能不能聽得懂。你懂了「室利毗諦亞」，才能眞正了解基督教。

唉，這些知識該教給誰呢？這些知識都沒有後繼之人，我怕自己只有失望而終。不是沒有人想學，每個人都想學，但都是出於好奇心而已。每個人都想學，但是到了檢驗自己是否眞正已經準備好了的時候，就都不見人了。

所以，經由了解這五個關於「粗身」的梵文字，你可以眞實認識身體，了解它的功能作用，包括了物理層面的作用以及意識層面的作用。

所謂的「五身層」，是五個「身層」（koṣa）。「koṣa」的意思是套子，包在外面的外殼，英文的「casing」（外殼）這個字就是由「koṣa」而來。五身層分別是：樂身層（ānandamaya-koṣa）、識身層（vijñānamaya-koṣa）、意身層（manomaya-koṣa）、氣身層（prāṇamaya-koṣa）、食物身層（annamaya-koṣa，又稱肉身層）。有些人不了解梵文，會將這些身層字尾的「maya」和長音的「māyā」混爲一談。長音的「māyā」是「吠檀多」哲學概念中的「幻」，是「梵」的創造力。這個身層字尾的「maya」是表示「構成」，因此「樂身層」就是由「樂」所構成的身層。

「樂身層」所對應的是上面所說的「因身」。外面很多關於「樂身層」的解釋都不正確，我只能簡單地說幾句，詳情要請你去讀我那本名爲《神》（*God*）的書。當那個「絕對的」（神），以自己的意志，選擇從絕對變爲相對，也就是由絕對變爲有限制的，進入了一個遍及的形態，祂那絕對的「樂」其中一滴，就進入了遍及的「樂身層」。我們所經驗到的樂，例如對絲的觸感、對橙汁的味感，都是從那個「樂身層」得來的。由於它受到限制的緣故，我們所謂的樂，其實都是相對於苦而言的樂，不是絕對的樂。絕對的樂，要越過「樂身層」才有可能。

「樂身層」是由至尊「梵」的「樂」之一滴所構成。「識身層」是由至尊「梵」的「知」之一滴所構成。「意身層」是由至尊「梵」的「意」之一滴所構成。「氣身層」是由至尊「梵」的「生命力」之一滴所構成。「食物身層」是你吃進去的那些蛋糕所構成，是由食物所生出來的，就是我們的肉身，而我們以爲這就是自己，以爲這就是「梵」。

「識身層」、「意身層」、「氣身層」三個構成了「細身」。這是從身層的分類法來看因身、細身、粗身，而前面是用數論的分類法來看。初學的人可能一時間沒法弄清楚，因爲沒有搞懂就產生很多疑問，有時候我會在我的網誌中作答（譯按，原網誌已經失效），所以我列出幾本書建議大家去學習：

- 斯瓦米拉瑪的《瑜伽講座》（*Lectures on Yoga*，後改名爲*The Royal Path: Practical Lessons on Yoga*，中文名爲《王道瑜伽：實用的瑜伽教學》。）
- 斯瓦米拉瑪的《業力：掙脫心的束縛》（*Freedom from the Bondage of Karma*）。

- 斯瓦米拉瑪的《神聖旅程》(*Sacred Journey*)，這本書是他離世六個月前以口述方式完成，而那個時候我們都不知道，原來他要告訴大家的是他即將要走上新的旅程。
- 斯瓦米韋達的《神》，前面提過了。
- 斯瓦米韋達的《讓心中的狂躁消退》(*Mahabharata's Bhishma: Death, Yours Servant: Examples from a World Classic*，本書原名爲Bhīśma)。

讀這幾本書，將有助於讓你了解死亡過程、構成細身的成分、組成粗身的各種成分在死亡時的分離、轉世等。

講回到這句經。我們的行爲導致了某種結果，這種經驗成了心印，心印累積成習氣，習氣又導致我們起了某種心念而做出某種行爲。因爲這樣的循環，習氣深厚就成了慣性，遇到什麼狀況就會起一定的反應。❷

一提起業力，很多人以爲就是因爲過去做了什麼事，所以今天無端碰到了什麼事，那就是業報。其實並非這麼簡單。你過去的行爲以及今天所發生的結果，這兩者之間還得有個連結，那連結就是你，你就是行爲產生果報的工具。

不信業報的人說，這跟我以前做過什麼事沒有關係，完全是因爲我現在做了傻事才有這個結果。業力哲學說，就是因爲過去行爲的業力，才讓你傾向於有某種心態，所以你現在才會做出那樣的事，因而造成那樣的結果。從外在看來，完全是你目前的行為產生的結果。但是還有一個看不見的因素，驅使你去做目前的行為，那就是習氣，這主要是一種心理因素。所以遇到同一件事，你會起某種反應，造成某種結果。別人可能會起另一種反應，或者根本不會有反應。因此，那一件事固然是個外在的刺激，但是必須要你內在先有某種習氣才會引起反應，你要認識清楚。

要了解，這個身體是個機器，它是不會造業的。業不是粗身層面的事，身體是個造業的工具而已。眞正的業，是在細身層面發生的。你們坐在這裡聽講，所造的（或者說所收集到的）是「悅性」（sattvic）的業，這才是你們來此的眞正原因，這是你們來此的唯一目的。明白嗎？你坐在這裡聽講的目的是為了累積悅性的業，在你的細身留下悅性的心印。這些累積下來的悅性心印累積成的習氣，在將來某個時候會對你有用，會產生悅性的果實，這句經在說的就是這個。

瑜伽士懂這個過程，因為他有第一手的經驗。對你而言，只是聽到或讀到的資訊。瑜伽士因此是他身體和心識的主人，在肉體死亡時能導引自己的心識離開身體。不只如此，瑜伽士還能夠導引弟子的細身在死亡時離開粗身。美國的明尼亞波里市有一位著名的心理學者，你們有些人聽過他的大名：惠克特（Whittaker）博士，他是斯瓦米拉瑪的忠實弟子，他現在已經成為一位斯瓦米（Swami Nijananda）。他的母親更是一位聖人般的女士，也是斯瓦米拉瑪的弟子。她臨終前，斯瓦米拉瑪在她身旁，他打電話要我也過去。斯瓦米拉瑪說，我現在要帶她離開這個身體。他叫我把手放在她的頭頂，我那時感覺到她頭頂囟門的兩片骨骼在我手的下方分開，然後她就走了。這才是瑜伽士！你能夠如此引導你的弟子，才是瑜伽士。我求你，不要輕易地用這個頭銜，好嗎？

幾年後，我們都非常敬愛的另一位斯瓦米的女弟子去世了。我打電話向斯瓦米拉瑪報告，我說：「她走了。」斯瓦米拉瑪說：「走了？誰說的？她此刻正在我這兒！」我在想，這些眞正的大師是不是把弟子的靈魂裝在某個口袋裡，等時間到了會對弟子說，行了，去吧，你未來的父母都找好了。

你要明白，我不是在說神話。今天所講的內容，希望你能夠好好去琢磨，把上面講過的「三身」弄清楚，讀我建議的書。但更重要的是，要實修，以得到第一手的體驗爲出發點。你能了解身體是什麼，明白你不是這個身體，知道你是那個永恆的覺性，你就能克服對死亡的恐懼。

今天到此結束，願上師祝福你 。 當我說，「願上師祝福你」，我是說眞的。

譯者按，威亞薩的《釋論》特別提到，這三種業行所造成的習氣會留存在我們的心識中，在適當時機就會顯現。例如，假如下一世生爲天人，則天人的行爲就不會觸動前世生在地獄道、畜生道或人道之業行所造成的習氣顯現，而只會帶出天人該有的習氣。斯瓦米哈瑞哈若難達解釋說，例如某人於一生中所行的善業，在下一世會有樂報，如果下一世生爲一條狗，就會以狗所享受的方式（狗的習氣）來受樂報。

譯註：

❶《吠檀多要義》（*Vedānta Sāra*）是十五世紀時由斯瓦米沙丹南達（Swāmī Sādananda）所寫，已經有好幾種英譯版本。

❷這跟佛法中的：「種子生現行，現行薰種子」說法完全一致。

IV.9 jāti-deśa-kāla-vyavahitānām apy-ānantaryaṁ smṛti-saṁskārayor eka-rūpatvāt

因記憶與心印相同故，縱有出生、地域、時間之分隔亦銜接。

經文拆解註釋

jāti-：出生

deśa-：地域

kāla-：時間

vyavahitānām：分隔（之）

api-：雖然

ānantaryaṁ：無間隔，無礙

smṛti-：記憶

saṁskārayoḥ：心印（之）

eka-rūpatvāt：（由於）一個形相

全段白話解讀

由於記憶和心印的本質是相同的，

所以無遠弗屆，

縱然有出生、地域、時間的分隔，

也無礙其相連。

（譯者按，這一次講課的地點不是在學院中樓下的靜坐大廳，而是在斯瓦米韋達樓上接待訪客的房間，聽講的人必須坐得很緊密，才能容得下所有人。斯瓦米韋達照例先簡短地做了導引靜坐，然後才開講。）

印度的旁遮普語（Punjabi）有句諺語說：「不管屋裡面有沒有空間，心裡面要有空間。」所以你要能安住在自己心中的空間裡。其次，我要告訴你，我喜歡在這裡講課以及和大家一起靜坐，效果比較好。樓下的空間大，你們坐得很分散，我不容易看見所有的人。我的上師教給我一個祕訣，在帶眾人靜坐時，需要觀想自己用光在劃線做「結界法」（dig-bandhana）把大家圈在裡面，比起這裡，我在樓下就要需用上更多的氣力專注在這上面。你們當中有老師，需要帶人靜坐，應該明白我的意思。

當你靜坐時，心態上應該就只有你一人，哪有眾人？你的頭腦中裝進了眾人，自然就覺得擁擠。不懂得如何在眾人中或是市場裡享受孤寂的人，在山洞中或是森林裡也不能享受孤寂。神祕主義的蘇菲教派有一個修練的法門叫做「khalwat dar anjuman」（眾中寂），哪天我們會教蘇菲的法門。瑜伽也教我們要能在喧嘩的環境中靜下來，你們要去練。

其次我要提醒大家注意的是——雖然你們是來學習《瑜伽經》的——我常會感傷，這個道院有時候沒有道院的感覺。在道院裡面大聲交談，走路沒有樣子，打坐的墊毯不照原來的折疊方式收拾歸放，任意把瑜珈墊拿到室外練習後就丟在外面，這哪像是個道院中應該有的行爲？瑜伽是什麼？「yogānuśāsanam」（《瑜伽經》第一句經），「自律」，不能自律就沒有瑜伽。爲什麼需要我們道院中的工作人員去收拾，去提醒大家把說話的音量放低？你講話大聲就妨礙到其他安靜的人，請善待他們。

還有一點，有些來自外地的人，他們的文化中沒有所謂神聖的場所，認爲可以在神殿中爲所欲爲。神殿是爲了祈禱和靜默而建的場所，請大家要尊重，舉止要肅穆。我很抱歉說了這番嚴厲的話，有時候是需要說出來。

Hari Om Tat Sat!

現在繼續講《瑜伽經》。

前面第8經說到業報的成熟，業報成熟會有什麼結果？主要是第二篇第13經所講的內容，果報會反應在來生的三個方面：一、類（jati），是說會生爲哪一類的物種，例如人、動物，我發現西方人士因爲文化背景的關係，可能很難接受人會轉世成爲動物這種觀念，而東方大多數人對此就比較容易接受；二、壽（āyus），轉世成爲某類物種後，在那個物種的身體中壽命的長短；三、報（bhoga），在那個物種的身體中，在那段壽命期間，會經驗到的苦樂。這些在《瑜伽經》都叫做「vipāka」（熟、果報）。

那麼果報是由什麼業行造成的？第8經說，是由於前面所說的非瑜伽士之人做出的三種業行，白業、黑業、黑白混合業所造成。換言之，瑜伽士不會有果報，不會發生類、壽、報的結果。瑜伽士可以不再轉世，不會再有身體，他已經解脫了，做得了主。你沒有解脫，還要入輪迴，就做不了主。去讀斯瓦米拉瑪的《神聖旅程》那本書，會幫到你。

這句經是在回答一個問題，過去所做的業行和現在所得到的果報，這兩者之間有何因果的聯繫？回答是，縱然經過了一百世，其間或許曾經轉世爲完全不同種類的生物，縱然是活在完全不同的地域，縱然經過了千萬劫，這個聯繫不會因而受到阻隔。過去所做的業行會變成心印，有心印就有記憶，那就是聯繫的所在。例如，我們以爲，對很久以前業行的記憶，會不如對新近發生業行的記憶來得深刻，所以或許以前業行的果報會不如新近業行的果報來得強烈。這一句經說，並非如此。只要以前業行所留下的心印還沒有得到果報，它會一直留存在心地中，不論何時何地，一旦遇到合適的因緣，就會觸發記憶而導致果報，不因時間新舊而有分別。

譬如說，某人這輩子造了很多善業，修行也有所成就，他下一輩子的果報是生爲天人，當他作爲天人的時候，那些人類的習氣就不會發出來，是處於隱藏的狀態。等到作爲天人的果報結束了，假如說他又轉世爲人類，隱藏中的人類的習氣就會立即顯現出來。

這句經提到，心印和記憶的本質是相同的。這需要解釋一下。很多人學習了《瑜伽經》，也學習了數論哲學，但是對於印度主流哲學派別之一的「彌曼沙」（mīmāṃsā）卻不見得有所認識。有時候，某個哲派會借用另一個哲派的名詞，那就要了解那個名詞在另一個哲派中的意義。我眞希望我們能在此開一門課專講「彌曼沙」，但那個工程很大，因爲太複雜了。我本人已經無力去教這門課了。有福有緣之人自然會有學習的機會。無福無緣之人縱然有機會聽到，也不會有收穫。

威亞薩提到一個「彌曼沙」的名詞叫做「apūrva」（業力）。「彌曼沙」的哲學家自問，譬如有人做了很多祭祀的善業，結果某一世得到了天人身，中間可能隔了四十世，這業行是如何成爲果報的？「彌曼沙」的答案是「apūrva」。他們把業行所產生那個「夏克提」（śakti），叫做「apūrva」。那是一股勢能，是一股力，是由之前的某個行爲所生出來的。所以即使那人此時並沒有繼續從事祭祀的善業，那股由以前善行所產生的力道還在，是以「夏克提」勢能的形態存在。威亞薩說，當那個「業力」，那個「夏克提」，受到合適的機遇啓動，就產生了結果。構成那「業力」的成分是心印和習氣，不論經過多少時間，不論隔了多遠，不論經過多少世，「夏克提」還在，記憶還在。

這裡所謂的記憶，不是我們一般那種零星的記憶，而是總體的心印習氣。你可以說，是它造成了我們的人格特質。譬如說，我前世是一位國王，身邊總是堆放著錢財，任何有需要的人來到，我都會慷慨地給予。這一世我不是國王，可是那個心印還在，所以縱然沒有那麼多錢財可給，我還是會有什麼就給什麼，那已經成爲我的整體人格特質的記憶，不是個別零星的記憶。記憶生出心印，心印生出記憶，循環不絕。

譯者按，下面加入斯瓦米哈瑞哈若難達對這一句經說明的節譯，做爲補充。

我們在很久以前、很遙遠的地方所經驗到的人事物，一旦受到某種觸動，那種經驗感覺立即會在心中浮現出來。同樣的道理，我們的習氣也是如此。無論那個心印是在多久以前種下的，要勾起它，即刻就能做到，不消任何時間。試著去回憶什麼事情，可能需要用上一些時間，但是一旦記憶重臨，它是霎時可及。其間無論發生過多少別的事情，記憶是不受到阻礙的。

威亞薩在註釋這一句經的時候，舉了一個例子來說明這個道理。曾經得過人身之人，因爲做了某些嚴重的惡行，其後一百世都生爲畜生，然後才再生而爲人。雖然做過了一百世的畜生，但是他原本有的人的習氣，一旦再生爲人時就會立即浮現出來，不受那一百世的不同物類的影響。

同樣的道理，不同的時間和地域的分隔，也不會有影響。原因是心印和記憶的本質是一。所以有如此心印，就會帶來如此的記憶。記憶，就是在喚起、在重認心印。由於記憶不過是心印在認知上的轉化，兩者之間是沒有隔絕的。

習氣的浮現是由於業力所引起的，由此帶出清晰的記憶。業力是勾起記憶的因。因此，由心印生記憶，由記憶又形成心印，這是一個循環。

IV.10 tāsām anāditvaṁ cāśiṣo nityatvāt

因期盼無盡故，彼亦無始。

經文拆解註釋

tāsām：彼等（之）

an-āditvaṁ：無始

ca-：以及

āśiṣaḥ：期盼、欲望（之）

nityatvāt：（因）永恆

全段白話解讀

由於期盼永恆無盡的緣故，

因此那些習氣也是無始以來即有。

所有的生靈都有一種最終的「自利期盼」(āśīḥ),那就是「願我非不有,願我長有」(mā na-bhūvaṁ bhūyāsam),希望自己不要不存有,希望自己能一直保持著存有。因爲有這個期盼,因此就有了對死亡的恐懼。也就是第二篇第9經所講的第五種「煩惱」:死懼(abhinveśa)。

我們在學習「死懼」這個題目時談到,世人認爲生物對死亡的恐懼是一種本能,但是我們要再追問這種本能又是從何而來的?印度哲學認爲這是來自於對前世死亡的記憶。希望自己能無限延續下去的自利期盼,是無窮盡的,是永恆(nitya)存在的。每經歷一次死亡,這個期盼所引起的恐懼就變得更強大,它造成的心印成了牢不可破的習氣。因此,這個習氣也是無始以來(anādi)即有的。這裡所謂的永恆、無始,是說這些期盼、習氣是永恆存在於心地(citta)中,只要心地存在,習氣就存在。對死亡的恐懼,是因爲我們以爲只有身體的存在才是存在,而沒有其他存在形態的可能。我們執著於身體,以爲我們只是這個身體,因此就希望身體能永久存在,以爲這個身體滅失了,我們就不存在。這都是習氣使然。託上師的福,我已經沒有這種恐懼,假如今天上師告訴我時候到了,走吧,我就走。走去哪裡?爬到上師的膝上?太好了,有何不捨?所以,我們要擺脫那些習氣。

威亞薩說,我們的心地中充滿了種種的習氣。問題是,「心地」(citta)是什麼?《瑜伽經》第四篇從第10經開始,連著好幾句經是在討論我們「心地」的本質。威亞薩說,有些人認爲心是隨著身體的大小而擴張或收縮。例如，用一個缸來罩住一支蠟燭，蠟燭的光只能照到缸的內部。但如果把蠟燭放在大殿中，它的光能普照整個殿中。如此，螞蟻的心地大小和人的心地大小自然不同。但是，如果螞蟻下輩子轉世爲人類的話，它的心地就會擴張。威亞薩說，持這種主張的人認爲如此才可以解釋到所謂的「中陰身」有可能存在，就是個體的心在離開了一個身體之後，進入下一個身體之前的中間狀態。它也可以解釋到生死輪迴的理論。

然而，數論和瑜伽哲學不同意這種說法，他們主張，心地只有一個，是「周遍」（vibhū）普及一切的，在大小不同的身體中的，只不過是心地的「作用」（vṛtti），所以沒有所謂的個體心，這個觀點和其他的印度哲學派別不同。

這個「心地之作用」的擴張或收縮（不是「心地」的擴張或收縮）是由作爲所引起的。例如善惡的作爲就是起因，善會導致心量擴張，惡會導致心量收縮。而所謂的作爲可分兩類，外在的和內在的。外在的是要用到身體，例如你表達謙遜、做布施、從事祭祀等。內在的則是完全在心地內爲之，例如，能擴張心地作用的內在作爲是：信心、精進、憶念、禪定、智慧（śraddhā, vīrya, smṛti, samādhi, prajñā），這在學習第一篇第20經的時候都介紹過了。另一個由內在作爲引起心地作用擴張的是「四梵住」（大乘佛法稱爲「四無量心」），就是第一篇第33經所講的：慈、悲、喜、捨（maitrī, karuṇā, muditā, upekṣā）。在瑜伽而言，內在的作爲永遠勝過外在的作爲。內在的作爲也不需要任何外在的東西，例如身體或物資。所以，你不可以用身體不好或是沒有財物做爲不行善的藉口，你淨化心念、持咒、靜坐，不關貧富的事，也不關身體狀況的事。

我再重複一次，瑜伽哲學主張，心是遍及一切的，是整體的。個別生物中所擁有的是整體心的一部分作用，是整體心被個別化了的作用。所以，瑜伽也不承認會有一個個體心在個體死亡後轉到一個新的個體。這個觀念會讓很多人震驚，他們會說，這豈不是跟佛家的理論一樣？佛家不正是主張沒有一個所謂的個體靈魂在轉世？

的確，這個說法和佛教的主張相似。例如佛教的《彌蘭王問經》（*Milinda Pañha*）[1]，彌蘭王向佛教的比丘那先（Nāgasena）提問，問到如果沒有個「我」，是什麼在轉世？那先比丘回答：「如果我點燃一支燭火，用它點燃另一支燭火，然後吹滅第一支燭火。第二支燭火和第一支燭火是同一個火，還是不同的火？」第一個火焰轉成了第二個火焰，二個火焰是同還是不同？國王無法回答，那先比丘就放下了這個問題。

有趣的是，《瑜伽經》在這一句經中也沒有解釋，如果沒有個體的靈，究竟是什麼在轉世？[2] 我們可以這樣想，假如我將一個杯子放在深海中，杯子內的海水和杯子外的海水似乎是被隔開的，杯中起了某些沉澱物。然後杯子破了，杯體不存在了，死去了。海中有另一個杯子，海水也在杯中，沉澱物流入杯中。沉澱物是怎麼傳送過去的？這個過程是怎麼發生的？

《瑜伽經》此處沒有回答這個問題，我們下面會再回顧這個問題。不過這裡所回答的是，我們所經驗到的恐懼、情結、本能反應等，其中有些不只是個人心中所經驗到的，而是來自那個原始的、遍及一切的無意識整體心。還有很多人經驗到所謂的「超覺」經驗，瑜伽士會認爲這不是「超覺」經驗，而是經驗到了那個無意識整體心。例如，有些人宣稱有離體經驗，能預見未來，或者有的人說在手術臺上有瀕死經驗，遇見了基督、佛陀爲他們祝福，讓他們重回身體，甚至還有所謂的被附體和驅魔之類的事，瑜伽哲學會說這最多是經驗到了無意識整體心，而不是經驗到純淨的本我，不是眞正的靈性經驗。

現代西方心理學和瑜伽心理學的不同處在於，前者只在探討個人此生爲何會有恐懼、不安的情緒。瑜伽心理學則是會帶進前世的因素，還會去看個人和那個無意識整體心的連結所在（例如第二篇第23經），然後在這上面做工夫，解開個人本我與整體心的擴張和收縮作用之間的連結（參見第二篇第25經，以及多處提到的「斷」）。這就能解決我們提到的那個矛盾。

我們之所以要做這些討論，目的不只是在了解心的本質，而總是、總是、總是在回到滅苦、解除束縛、消除無明這個終極的目的。這一點你們一定要明白。

譯註：

❶《彌蘭王問經》：彌蘭王是希臘人後裔，國境在今日阿富汗境內，先世隨亞歷山大東征後留守東方建國。彌蘭王博學且機智，與來自各方的學者僧侶辯論皆無敗績，後來被佛教比丘那先（也譯為「龍軍」）所折服。彌蘭王和那先比丘的對話紀錄就成為《彌蘭王問經》，中國東晉時被漢譯為《那先比丘經》。經中充滿睿智的對話，也可領會到當時（約西元前100年）國君對哲學和哲人的敬重。《彌蘭王問經》被多次譯為西方文字，很受重視。可惜漢譯的《那先比丘經》譯文似乎不完整，而且被漢地佛教人士視為南傳佛法而較不受重視。

❷當代美國學者愛德溫．布萊恩特（Edwin F. Bryant）所英譯和註解的《瑜伽經》中提到，古代的一位大師瓦卡斯帕提．米斯拉（ Vācaspati Miśra） 在解釋時主張，肉身死亡時沒有一個所謂的細微身從一個身體轉世到另一具身體中。因為既然心是無所不在的，就沒有從一處移動到另一處的可能和必要。在肉身死亡時，遍及一切處所的心只是將它原本包在某一個身體內的作用，調整移換到另一個身體中。這明顯不同於其他印度哲學（包括數論在內）、耆那教派所主張的，是細微身在投胎轉世。

IV.11 hetu-phalāśrayālambanaiḥ saṁgṛhītatvād eṣām abhāve tad-abhāvaḥ

由因、果、依處、依緣聚集而有，此無則彼無。

經文拆解註釋

hetu-：因，原因

phala-：果，結果

āśraya：依止處，底層結構

ālambanaiḥ：（以）支撐、依緣

saṁgṛhītatvāt：（由於）聚集

eṣām：這些（之）

abhāve：（於）無有，不在

tat-：那些

abhāvaḥ：無有，不在

全段白話解讀

因爲習氣是由於聚集了

原因、結果、所依託處、所依緣這四個因素而有，

那些因素不存在的話，習氣就不存在。

帕坦迦利在這句經中說，前面說的那些習氣是由四個因素維持住的，如果這四個因素不再有的話，習氣就不存在了。這四個因素就是：

一、「因」（hetu），肇因

會造成習性的「因」有白業、黑業、混合業。例如，樂是由德而引起；苦是由無德所引起；愛戀是由喜樂引起；厭憎是由苦痛引起。所有這些都會讓人以心念、言語、行動，對他人從事善行或惡行。威亞薩形容「因」是一個有著六條輪輻的輪子，分別是（1）德（dharma，法）；（2）無德（adharma，不如法）；（3）樂（sukha）；（4）苦（duḥkha）；（5）愛戀（rāga）；（6）厭憎（dveśa）。而這個輪子中心的車轂，是「無明」（avidyā）。無明，以及無明所產生的「煩惱」在推動這個輪子，不停地旋轉，所以有生死輪迴（見「示意圖」）。

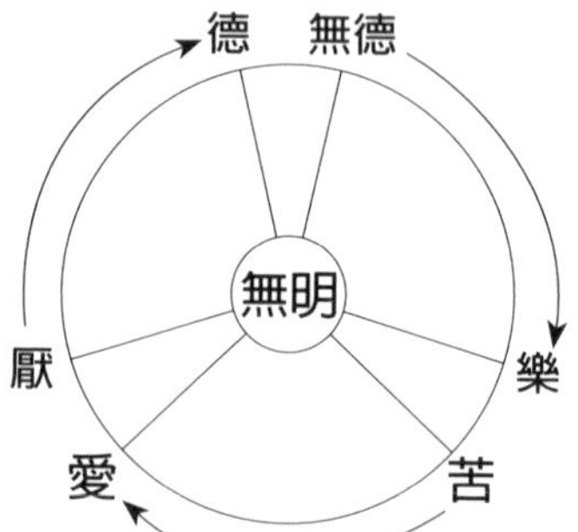

【示意圖】

二、「果」（phala）

這是我們之所以從事德行或惡行的目的，是動機，是誘因，是要得到的果。也可以說是第二篇第13經所說的那三類業報「類」、「壽」、「報」。

三、「依止」（āśraya）

這是習氣所依止的地方，也就是心地。

四、「依緣」（ālambana）

這是會引起習氣的對象，就是感官的客體、感官的經驗。

有人問，心印（saṁskāra）和習氣（vāsanā）有何不同？這兩個梵文字有時候可以彼此替代，但是在此處，前者是指由行爲、經驗在心地中留下的印象，後者是指由心印所造出來的傾向、慣性，當它變得深刻了，就會影響到你的行爲。

這句經中所說「依止」的心（āśraya），不只是個人的心而已，也包括了遍及一切的整體心。第10經說習氣是「無始」的，即使是個人的死亡，乃至宇宙世界的壞滅，都不會影響到它。當這個宇宙壞滅了，它的無意識整體心會轉世到下一個生出來的宇宙，就像個人的轉世一樣。它和宇宙的生滅循環同步，這個循環是無始的，所以它也是無始的。

我們從前面的《瑜伽經》內容已經學到，當明辨智慧已成就，終於得到解脫時，這四個因素自然就會消失，因此習氣無所依附，自然就不存在了。

心地・時間和質性

第12～13經

IV.12 atītānāgataṁ svarūpato’styadhva-bhedād dharmāṇām

過去未來爲實，諸法相因時途而異。

經文拆解註釋

atīta-：過去

anāgataṁ：未來

svarūpataḥ-：眞實

asti-：存在

adhva-：路途，時途，時際

bhedāt：（因）不同

dharmāṇām：諸質性、法相

全段白話解讀

習氣並非不有，

它們的過去和未來都是有的，

種種法相是因爲時際不同而有異。

第四篇第12～15經的主題，和我們以前學習過第三篇第9～15經是相關的。這些都是比較深奧的經句。

前面第11經說，如果習氣的四個因素停止作用了，習氣就會消失。這就造成了一個哲學上的困境。

數論和瑜伽哲學都主張「因中有果論」（sat-kārya-vāda），任何生出來的東西（果），都早已經以隱藏的方式，存在於生出它的東西（因）之中，而不是憑空創造出來的；另一層意思是，已經存在的東西就不可能消失。這和印度其他幾個哲學派別的主張不同，例如正論派和勝論派就認爲，果並非必然存在於因中，而是由幾種因緣綜合生出來的新東西。吠檀多論則主張「幻化論」（vivarta-vāda），一切生出來的東西都是由唯一眞實的「梵」（brahman）所轉化出來的幻相，這個主張和「因中有果論」不同，但並非完全不同。

根據「因中有果論」的說法，例如《薄伽梵歌》就說：「有者永不無，無者永不有。」就是這個論點的基本定義。存在的東西永遠不會停止存在，不存在的東西永遠不會變存在。所以，如果習氣眞正存在，它怎麼可能停止存在？而如果它不會停止存在，那何來解脫？

因此第12經是在爲我們解釋，爲什麼這個矛盾不存在。某個東西所具有的某些特質，當它們顯現出來的時候，是現在。還有某些特質現在是隱藏的，還沒有顯現出來，當其顯現的時候，是未來。某些特質曾經顯現，而現在已經停止顯現了，是過去。我們學習第三篇的時候說過，那些特質叫做「法相」（dharma），法相所依附的那個東西，叫做「法體」（dharmin）。現在、過去、未來是三條「路途」（adhva）[1]，是以時間來區分，是三條不同的途徑，當其中一條顯現時，其他兩條就沒入於法體中。所以不是說當其中一條顯現時，是從一個沒有的狀態變成了有。它一直是有的，只是本來處於不顯現的狀態，現在顯現了。

因此，第12經說，習氣不是原本沒有，而現在變成了有，它是從不顯現、不起作用的狀態，變成顯現、起作用。這個道理和現代科學的想法很接近。例如，你晚上看見天空中有一顆星，它距離地球有二十億光年之遙。你無法知道此刻那顆星球是否仍然存在，因爲你此刻看見的星光是那顆星球在二十億年前發出來的。同樣的道理，你此刻看見的陽光，是太陽在八分鐘之前發出來的，所以你看見的是八分鐘之前的太陽。再拉近一點，你看見的我並不是此刻的我，你所看見的，是從我身上反射出來後進入你眼睛的光線，縱然這個時空距離極爲短暫，但仍然是過去的我。那麼我們到什麼時候才能接觸到當下此刻？一旦你找到了那個剎那，你也就開悟了。

從時間上來說，以前顯現過的、現在顯現的、未來將會顯現的，是法相的三個依時間顯現的途徑（所以稱之爲時途）。三種法相都依附於同一個法體。我們一般人只能覺察到現在的法相，但是瑜伽士具有特別的直觀覺察力，可以覺察全部三個時途的法相。如果過去顯現過的不再存在的話，瑜伽士如何能覺察到過去？如果還未顯現的是不存在的話，瑜伽士又怎麼能覺察到未來？換言之，瑜伽士能覺察到過去和未來，表示它們是有的。

經文說，過去和未來的習氣並非不存在，而且我們不可認爲目前的習氣會比過去或未來的習氣更有力，也不可認爲目前所顯現的比過去和未來所顯現的更爲眞實。那麼，第11經說，當因、果、依止、因緣這四個因素都停止運作了，習氣就不存在了。可以這麼說嗎？這是否違反了「因中有果論」？

答案是，這並不是說習氣的客觀存在消失了。換個方式說，當瑜伽士徹底從這個世界解脫了，世界是否就不存在了？世界還是存在，只不過世界和瑜伽士的關係終止了 。❷習氣仍然存在於心地中，不過不再起作用，此後不會再顯現，因爲本我不再提供覺識的能量讓習氣發生作用。這個觀念非常不容易掌握，你需要多加思索。

譯者按，斯瓦米哈瑞哈若難達對這一句經的註釋中，提到了時間和變易的關係，非常有啓發性，因此節譯一段如下：

前面提到過，從隱的狀態成爲顯的狀態，這個轉化就是變易。各種變易的可能性太多，到了不可勝數的地步。雖然如此，我們所能夠覺知到的，僅限於因果關係中的一小段而已，所以在我們的想像中，已經覺知到的屬於過去，此刻所覺知的是現在，稍後可能會覺知到的屬於未來。因爲行「三耶昧」（saṁyama，見第三篇）有成，解除了覺知力所受的限制，就能夠同時知道所有刹那變易一切可能的組合，因和果都顯示出來，所以過去和未來都能被知曉。換言之，一切都在當下。

這個道理除了適用於外在的對象事物，也適用於內在的境界客體。這就是爲什麼《瑜伽經》說，過去和未來都是實有的，它們是以精微的形態同時存在，只不過因爲時間的三個取向，我們會以爲它們只存在於過去或是存在於未來，但是不存在於現在。

因此，我們要知道，對象客體是實有的，反而時間不是實有的。由於我們的覺知力有限，無法覺知到此刻隱藏著以精微形態存在的事物，無法見到它們的全貌，就將它們限制在時間的範疇內，區分爲過去和未來，以至於它們似乎不存在。但是對於具有全知能力的心地，就沒有這種侷限，就能直覺地覺知到事物的全貌，而全體均不離於當下。

心量是廣大無邊遍及一切的，它無時無刻不知所有事物，但是它的心念作用附著於身體，所以就受到限制，所知就有限。譬如我們在夜晚仰望天空，所有星星的光芒都進入我們的眼中，只不過由於我們視覺能力有限，只能見到少數比較明亮的星，無法見到所有的星。我們的心力也是如此，一旦那些粗糙的、不安的被清除了，只剩下光明的悅性，那麼所有一切過去、現在、未來的對象客體，就會同時展現在我們的心眼中，一切都在現前。

譯註：

❶ adhva的字面意義是路途，所以過去、現在、未來是三條「時途」，和另一個佛學用語「三際」或有相通之處。

❷ 第二篇第22經也表達了同樣的意思，世界對於開悟之人不存在了，但是對於其他眾生卻仍然存在。

IV.13 te vyakta-sūkṣmā guṇātmānaḥ

彼等以質性爲本，顯或不顯。

經文拆解註釋

te：它們

vyakta-：顯現

sūkṣmāh：精細、未顯現

guṇātmānaḥ：質性所構成

全段白話解讀

那些分爲三個時途的種種法相
是由原物的三種質性所構成，
有的顯現，有的不顯現。

每次我講到這些原物所衍生出來的物、這些對象客體的時候，我就不禁擔心你們只會想到外在的物，像是黑板、地毯這些外在的對象客體。我擔心你們忘記了自己的身體、氣息，乃至於心念、習氣、心印也都是物，都是相對的外在對象客體，它們才是瑜伽的重點所在。

威亞薩在解釋這句經的時候引用了一句經典：「終極質性不可見，可見者乃幻影瑣事。」（guṇanāṁ paramaṁ rūpaṁ na dṛṣti-patham ṛcchati yat tu dṛṣṭi-pathaṁ prāptaṁ tan māyeva sutucchakam iti.）所有的物都是由悅性、動性、惰性這三種質性所組成，然而質性本身卻是不可見的。可見的東西之中，有正在顯現的，有曾經顯現而目前已經隱去的，有目前還未顯現而將來會顯現的，但它們都稍縱即逝。顯現的，我們視之為現在。不顯現的，我們視之為過去或未來。現代的學者也說，我們所見的眞實並非眞實。看來是密實的東西並非密實，構成它們的分子和原子的內部都是空間，但是我們以為所見到和所觸摸到的東西為固體。

我們說這些可見的對象客體無常、稍縱即逝，所以不值得去追逐。但是，我們可沒有說一切衍生出來的東西都不存在，這是一個自古以來就被各派學者爭辯不休的題目。我們希望大家能有明辨智慧，分辨出什麼才是眞正的本我，什麼不是本我，從而能把不是的東西放掉，能斷捨對它們的執著，這才是瑜伽的目的。

譯者按，哈瑞哈若難陀補充說，從靈性修行的觀點而言，在還沒有得到終極解脫之前，該認爲要捨棄的東西是實有的。得到終極解脫之後的境界只是：「見者安住於自性」（第一篇第3經），到那個境地時，本我以外之物是否實有存在，就不是心念所能思議的了。

心地 ・ 駁斥佛家理論

第 14 ～ 21 經

IV.14 pariṇāmaikatvād vastu-tattvam

轉化單一性故，對象爲實。

經文拆解註釋

pariṇāma-：轉化，產物

ekatvāt：（因爲）單一性，獨特性

vastu：對象，客體，物件

tattvam：那個特性，實在

全段白話解讀

同樣是三種質性，

由於種種的轉化都是單一獨特的，

所以才實有對象客體。

既然構成一切對象物件的質性有三種，爲什麼我們所覺知的對象物件會是一個？這句經是在回答這個問題。三種質性特徵是：悅性光明，動性活動，惰性停滯。構成我們人格的物件，例如感官、心印、習氣；構成外在對象的物件，例如宇宙萬物，都是由三種質性以單一獨特（ekatva）的組合方式轉化（pariṇāma）而有，所以物才成爲那個物（tattva）。你需要重新去研讀第二篇第19經，加深對質性轉化的認識。

譯者按，斯瓦米哈瑞哈若難達的解釋也很具參考價值，略錄於下：

三種質性是一切事物的根本。既然如此，爲何由三種質性所構成的某個物件會被我們認爲是「一個」？❶爲了要回答這個疑問，所以提出這一句經。質性雖然有三種，卻是不可分割的。如果沒有了動性和惰性，就無法辨認出悅性。這也同樣適用於動性和惰性。前面討論過，一切的變異都是一種轉化，是由潛在的狀態（也就是惰性）受到啓動（動性）成爲了覺受（悅性）。因此，在所有的轉化中，覺受、變動、靜止的三種特質組合必須都到齊。換言之，這三種質性雖然彼此不同，但是三者協調一致運作，才有變異可言。這就是它們的本性。所以變異而來的產物才會被認爲是「一個」對象物件。例如說，對於音聲的知，其中就具有潛能、動態、覺受，否則就不可能有所知。然而，音聲會被認為是一個對象客體，而不是三個不同的東西。

威亞薩在註釋這一句經的時候，寫了很長一段的文字來駁斥佛教的「唯識論」[2]，雖然經句本身並沒有直接說到這個題目。唯識論主張外在的對象不存在，我們之所以能覺知到對象，完全是因為「識」的作用。識帶有覺知、認知的意涵，它是心中所起的觀念相貌。你所經驗到的一切對象，心中都對應著某種觀念相貌。如果沒有識的作用，對象就不存在。另一方面，你在夢中所見到的景象，就沒有外在所對應的對象，這似乎證實了佛教的主張，是否有外在對應的客體無關緊要，心中所起的相才是重點。所以唯識論者主張絕對唯心，說這個宇宙中一切都是識，識以外沒有實體的物存在。他們主張著：不是由認知形成了觀念，而是觀念形成了認知。現代心理學在某種程度上也承認這個主張。換言之，我們所看見的，是我們想要看見的，外界不是眞實存在的。

關於這一點，數論是持反對主張的，認為外在的客體是由三種質性所構成，是實有存在的。如果外在的客體不眞實的話，那麼我們心中所經驗到外在對象的識也就不眞實。這是唯識論者無法自圓其說之處。

對於唯識論者說，夢境中的景象沒有外在對應客體的這個主張，也可以提出反駁。夢境中所見到的景象，是做夢者以前見到外界的實物後，所留下來的心印儲存在心地中，做夢時再從心地中喚起對以前留下心印的記憶，所以還是從外在的實物而來，並非憑空而有的。另一個引起激烈爭辯的就是我們以前提到的「剎那生滅論」，此處就不重複。

唯識論者和印度主流哲學派別的辯論，從西元前六世紀開始，一直持續到西元第七、八世紀。其後唯識論就從印度本土消失，只保留在藏傳和漢傳佛教中。❸

譯註：

❶另一種解讀認為這句經在回答的問題是：如果所有的物都是由同一組質性所構成，為什麼會顯現出種種不同的物？換言之，這種解讀是在問，為何能由一變成多。而威亞薩則是在問，為何能由多變為一。

❷威亞薩的《瑜伽經釋論》中並沒有明確提及「唯識論」（vijñānavādin），是後世學者經由考證認為此處所駁斥的論點是屬於唯識宗的主張。按，本句經意味著外物是有的，這與當時被稱為「壞者」或「虛無者」（vaināśika）的佛教論者的主張相反，所以雖然《瑜伽經》原文對此隻字不提，威亞薩仍然在此駁斥佛教的論點。

❸斯瓦米韋達1970年代開課講《瑜伽經》，曾經專門就數論、吠檀多論與佛教唯識論爭辯之所在講了幾堂課，全文甚長，此處無法詳載。

IV.15 vastu-sāmye citta-bhedāt tayorvibhaktaḥ panthāḥ

同對象因心異故，二者分途。

經文拆解註釋

vastu-：對象，客體，物件

sāmye：同樣

citta-：心地

bhedāt：（由於）不同

tayoḥ-：彼（二者）

vibhaktaḥ：分開

panthāḥ：路途

全段白話解讀

縱然面臨相同的對象客體，
不同的心地會有不同的反應，
所以對象和心是分途的。

威亞薩問，爲什麼前一句經所反駁的主張是站不住腳的？這句經就繼續反駁唯識論的主張。唯識論說，外物都是自心的產物，所以除了心，外物都不存在。那麼，如果我們都看見天空中同一個太陽，各人心中都有了同樣一個對太陽的覺受。然而，每個人的心地不同，如果太陽是心的產物，那麼應該每個人在心中所看見的太陽都是不一樣的才對。這就證明了，外面是有一個眞實的太陽存在，所以我們才會看見同樣的太陽。

唯識論者說，我們看見的太陽會是相同的，因爲那是我們共同心地所生起的一種集體產物。《瑜伽經》的論者說，不是的，不同的人看「同一個對象」（vastu-sāmya），因爲各自的「心地不同」（citta-bheda），就會有不同的覺受。有的人見了會起樂受，有人見了會起苦受，智者見了既不起樂受也不起苦受。有這麼多不同的心地同時在看，假如說外物是心地的產物，那麼這個外物究竟是哪一個心地所產生的？所以集體心地產物的論點也站不住。

結論是，對象客體和心地畢竟是分離的，不是由一個心地所生，也不是由許多心地所共生，外物客體是「自立」的（sva-pratiṣṭham）。

IV.16 na caika-citta-tantraṁ vastu tad apramāṇakaṁ tadā kiṁ syāt

對象亦非有賴於單一心地，彼無覺知則何如。

經文拆解註釋

na：非

ca-：以及

eka-：一

citta-：心地

tantraṁ：交織，互賴

vastu：對象，物件，客體

tat：那個

a-pramāṇakaṁ：無覺知

tadā：則

kim syāt：會如何

全段白話解讀

然而，對象的存在並非依賴於某一個心地而有，否則當它不被那個心地所覺知時，對象會如何。

威亞薩說，有的學說主張外物對象只有在被覺知的時候才存在，對象和那個覺知的經驗（心）必須是同時存在的，因此如果沒有一個在覺知的心，對象就不存在。他們主張對象客體本身不具有能被覺知的本質，因爲過去心已經滅，未來心還沒起，所以對象不存在於過去和未來，也就是說客體對象不是一直存在的。第16經就是在反駁這個論點。

如果說，對象外物是某一個內心所投射的產物，並非眞正存在，《瑜伽經》的論者說，你剛才看見外面有個物件，然後你靜坐進入了三摩地，那個物件在你心中消失，可是當你出了定，睜開眼睛，它又在眼前，可見它一直都在那裡，它的存在是客觀的。否則當你在三摩地時，它去了哪兒？更何況，當你在三摩地時，或者當你沒有在看它、想它的時候，旁人還是繼續見到它，旁人不會因爲它在你心中消失而見不到它。

再進一步說，我們的感官在覺知任何對象的時候，通常都只能覺知到一部分，而非全面。例如，此刻你看見我，你的心所覺知的是我身體的正面，你沒有看見我的背面，我們是否能夠說我的背面不存在？你沒有看見我身體的內部，是否可以說我身體內部的器官不存在？所以主張對象客體要依賴某一個心來覺知才存在，是站不住腳的。必須要承認外物是客觀地存在。

我們要明白，這些是數論瑜伽的觀點，和其他的哲學派別，例如吠檀多、勝論等，未必完全一致。前面說過，瑜伽認爲「心地」是一體的，只有一個整體心，遍及一切。而當這個整體心在個人之中所體現的，是被「個別化」了的心。每個人都有一個個別化了的心，能獨立覺受思考，互不影響。請注意，當我在做這些說明的時候，我的用語是非常小心的，我會說「個別化」的心，而不說「個體」心。在瑜伽哲學中沒有所謂的「個體心」，我們一般以爲的個體心，是整體心被個別化了，所以每個人才有區別。否則，我的心印會變成你的心印。你解脫了，我豈不是也跟著解脫了？所以，心印、習氣、業力行爲、解脫、無明，都是屬於每個人個別化的心，而它們都是那一個整體心的一個部分，是在被個別的「本我」所用。❶

譯註：

❶譯者按，數論哲學的主張是，心終究是種「物」，是由原物所衍生出來的。而原物只有一個，而且是永遠不會毀滅的。與原物相對的「本我」，卻有無數個，每一個個人的本來就是「本我」。瑜伽最終的目的，就是讓「本我」不再迷執於原物，要徹底與原物分離，也就是第一篇第3經所謂的「本我安住於自性」，也就是本篇的主題：「獨存」。

IV.17 tad-uparāgāpekṣitvāc cittasya vastu jñātājñātam

心地依彼染色故，或知或不知對象。

經文拆解註釋

tat-：那個

uparāga-：所染色

apekṣitvāt：（由於）依賴

cittasya：心地（之）

vastu：物件，對象，客體

jñāta-：知

a-jñātam：不知

全段白話解讀

心地對客體對象之知或不知，

是依心地是否已經沾染（覺知）到對象存在而定。

威亞薩說，感官的對象有如磁石，而心就像是鐵，受到感官對象這磁石所吸引。它們相互建立聯繫的關係，彼此影響。當某一個對象物件沒有反映在心中時，我們會說它沒有受到覺知，所以對它無所知。因爲心地會有「知」以及「不知」的變化，所以心地是會變易的。

客體固然是獨立於心地而存在，不會因爲心地沒有覺察到它而消失。然而，我們對客體的「知」（jñāta）或是「不知」（a-jñāta），是要「依」（apekṣitva）我們的「心地」（citta）是否受到客體「所染」（uparāga）而定。此處所謂的「染」，就是客體反映在心中，也就是心覺受到客體的作用。

我們需要了解這個認知的過程是，一切我們所經驗到的，都只是心中所起的印象，是對象在心中的反映，而不是那個對象本身。例如，我此刻坐在你們前面，跟你們有兩、三公尺的距離，你所經驗到的我只不過是我在你心中所起的印象，你不可能直接經驗到我，因爲我不可能進入你的心中。你要記住，無論你經驗到什麼，你只是在經驗那個對象經由你感官的渠道反映在你心中的印象。你所經驗到的，是一種內在的體驗，你不可能體驗到那個外在物件。在味覺、嗅覺、觸覺、聽覺的體驗上，都是一樣。

你了解這個道理之後，對所有對象的反應都會有所改變。《薄伽梵歌》說，這是質性和質性的相互作用。你嚐到的蜂蜜，是蜂蜜中的化學成分和你味蕾的化學成分在相互作用，然後透過味覺的神經系統以電流脈衝的形式去到腦中，才在你的意識中產生嚐到蜂蜜的印象。至於那個蜂蜜的物質，頂多只能接觸到你味覺感官的表層，你的心無法直接接觸到它。

譯者按，斯瓦米韋達在別的地方提過，根據數論和瑜伽的哲學，我們感受到任何對象，是我們心變成了那個對象，這就是所謂心被「染色」。心變成那個對象的目的，是在將它呈現給本我去「體驗」（bhoga），因而本我能由此「解脱」（apavarga）（請參見第二篇第18經）。

斯瓦米哈瑞哈若難達的註釋中，詳細提到了我們的認知過程，也節錄在下面做爲參考：

對象會吸引心地，或者說會改造它，有如磁石之於鐵。客體對象源自於外在的音聲、光線等等的動態，它們透過感官各自的渠道進入心中，因而改造了心。外物不會把心帶到身體之外，而是當外在對象讓心起了改造時，我們會說心是向著外面。有的人主張，心是透過感官的渠道跑了出去，因爲接觸到對象，才起了波動。這種看法是不對的。心，是生靈內在的一個官能，在沒有可依歸之處的情況下，是無法住在外部的對象物體中。對象和心是在身體裡面相遇，心也是在身體裡面起了轉化。那個轉化發生的地方叫做「曷日達亞」（hṛdaya ，意思是心或感情中心）❶。對客體對象的覺知就在那裡顯示，也在那裡消失。所以，對客體對象的知或者不知，是要視乎對象有或者沒有和心接觸而定。

心所認知的客體對象獨立於心而存在。客體對象會影響或者說會塑造心。然後，心中才起了對這個對象的知，否則，對象僅僅是存在，並不必然能讓心對它有所認知。所以說，對象獨立於心存在，心有時候能知它，有時候不知它。因此，心的變易轉化形態，就是覺知起了改變。換言之，心會有改造，是受到外在具體對象所導致。這個道理必須要經由觀照自心才能實證。

譯註：

❶此處所謂的「心」不是指思想的心，也不是器官的心臟。

IV.18 sadā jñātāścitta-vṛttayas tat-prabhoḥ puruṣasyāpariṇāmitvāt

彼主之恆知心地諸變易，以本我之不易故。

經文拆解註釋

sadā：隨時，恆常

jñātāḥ-：所知

citta：心地

vṛttayaḥ：運作，作用

tat-prabhoḥ：彼主人（之）

puruṣasya-：本我（之）

a-pariṇāmitvāt：（由於）不變易

全段白話解讀

心地之作用永遠爲它的主人本我所知，
這是因爲本我不會變易的緣故。

上一句經是說，我們的心地在某些時候能覺知某些對象事物，某些時候則無法覺知對象事物。那麼，心地又是誰的覺知對象，是誰在看著心地的作用？

本句經說，「心地」（citta）所起的一切「作用」（vṛtti）[1]「總是」（sadā）會被「它」（tat）的「主人」（prabhu），那個覺性的「本我」（puruṣa），所「知曉」（jñāta），這是由於本我的「不變易性」（a-pariṇāmitva）。如果心地的主人「本我」只是有時候知曉心地作用的情形，有時候不知曉的話，那麼本我就是有變易、會轉化的。然而，根據數論瑜伽，本我是唯一不會變易轉化的，所以它恆常知曉心地中所起的一切作用。這裡也說明了，心地和它所知的客體對象是兩樣不同的東西，是可分的。同樣的道理，本我和心地也是可分的兩樣東西。這裡也指出了本我是不會變易的，和心地不同。

這個道理似乎很簡單，可是我們需要細細玩索其中細微的道理。本我在知曉心地的活動時，那是一種「見證者」（sākṣin）的知曉。心在知曉外在的客體對象時，則是在經驗對象，此時心中三種質性的組合狀態會發生實質的變化。心會有變易轉化，是因爲心不是一個單一的物，而是具有三種質性。而本我不屬於物，不是由三種質性所組成，所以沒有變易轉化。

斯瓦米拉瑪說過：「本我就像是一位法官在審理一樁犯案，是超然的。本我只是在觀察、見證心地的活動，不是像心地在經驗外在對象時自己被捲了進去。」雖然這裡用到法官審理案件的比喻，但是並不意味著本我在做出對或不對、善或惡的評斷，它只是在觀察及知曉心地中所發生的一切變化。

本我的知曉不會產生記憶，也不會有喜怒的反應。記憶是心地作用的一種，喜怒的反應也是心的作用，這些都只發生在心的層面，本我是不會有的。本我也不是盲的，它是全知的。認知的盲點只會發生在心的層面。

本我既然不是由質性所組成的，也就不受到時間的限制。我們前面學習過，時間有現在、過去、未來這三條時途。某種質性的組合狀態原本顯現，現在隱藏，所以在我們的認知上就成了過去。某種質性組合原本是隱藏的，當它顯現出來，就是現在。現在隱藏著的質性組合，以後顯現了，就是未來。如此延續下去，未來不斷地成爲了現在，現在不斷地成爲過去，這樣認知的流動就成了我們對時間的感覺。這種質性組合的變易對本我是不適用的，它只是在旁觀而已。

但是，我們日常所謂的旁觀、覺知，並不算是本我在見證。你在冥想時觀察咒語在心中生起，或者專注於某個心念，仍然是布提的知，還不是本我在知，不過是較高層次心的作用在觀察較低層次心的作用，是心中較純淨的部分在觀察較不純淨的部分，是悅性在觀察動性和惰性的活動。這是修行中必要的步驟。不到了最終「非智三摩地」，本我和布提內的心念是無法完全區分開來的。

問：假如我們默默坐著尋思這一句經的道理，觀想本我本來清淨，如此有可能開悟嗎？

答：有可能，這算是吠檀多的修行法門，就用這個題目不停地參想。但是常人很難做到。近代最偉大的瑜伽士馬哈希．拉瑪那（Maharshi Ramana）就是用這個方法去參想，終於得到徹悟。他開悟後就教人去參「我是誰」，不斷深入、再深入去問，「是誰在動」、「是誰在看」、「是誰在言語」、「這個念頭是由哪裡生出來的」、「最初的『我』這一念是哪來的」？等等。斯瓦米拉瑪當年也曾經去參訪這位大師而得到很大的啓發，《大師在喜馬拉雅山》一書中都有記載。我也建議你們去讀這位大師的事蹟，以及他的弟子爲他整理出來的一些語錄。

譯註：

❶ vṛtti（心念、心的作用、心地變易），其複數、主格為 vṛttayaḥ。

IV.19 na tat svābhāsaṁ dṛśyatvāt

彼非自明，以受覺故。

經文拆解註釋

na：非

tat：那個，彼

sva-ābhāsaṁ-：自明

dṛśyatvāt：（由於）能被覺察

全段白話解讀

那個心並不是能自明，

而是因爲它能被本我所覺察的緣故。

威亞薩說，有的主張認爲我們的心既能自放光明，照明自己，也能夠照明客體對象。這是不能成立的，因爲心地是被照見、被覺知的對象。凡是被照見、被認知的對象，就不可能是自放光明照見自己的知者。

這裡的「照明」、「照見」（ābhāsa）是一個特殊用詞，它所指的是覺知、覺察的「明」，而不是用外來光線照亮的意思。瑜伽的理論是，凡是覺知的對象（dṛśya），就不能夠「自明」、「自知」（svābhāsa）。我們的心是覺知的客體對象，所以不能自明。

威亞薩引述反對者的主張，他們認爲心能夠自明也能夠照明它物，就如同火能夠自放光明，也能夠照亮周圍的對象。他說這個比喻不成立。火的照明觀念和我們此處所講的覺性的照明不同。火本身是沒有覺性的，它不是原本無光，後來作意顯現自己而發出光明。他說，當你表示「我憤怒」、「我害怕」、「我喜愛某個東西」、「我厭惡某個東西」的時候，很明顯是有一個「我」在覺察到心中的狀態。誰是這個覺察者？有覺察就代表另有一個在覺察那個被覺察的客體對象。

這裡的反對者用上了佛陀的一個見地。佛陀開悟時是悟到兩個主要道理。一個是被稱爲「四聖諦」的「苦、集、滅、道」，這一點瑜伽完全接受。佛陀悟的另一個道理，是所謂的「緣起法」（pratītya-samutpāda，巴利文是paṭicca-samuppāda），字面的意義是因緣所生起，後世很多佛教的派別主張它不只是在講因緣、因果法則。兩千六百年以來，佛教徒對此做過無數論述，對「緣起法」有許多許多不同的解讀。這是因爲後代沒有人能完全到達佛陀的開悟境地，只能依自己認爲有道理的方式去解讀。佛陀對「緣起法」，只是非常簡單地說它不是在講因果，而是在說明「此有故彼有」，有某個「x」，所以才有某個「y」，「x」和「y」並不是同時發生，而是先有「x」，跟著才有「y」，這樣的因緣生起共有十二個環節，最先是從「無明」開始，然後一個接一個連鎖反應。

有一個佛教的派別將緣起法應用在心的狀態上，主張任何的經驗就是一個「剎那心」，下一個剎那又起了一個新的剎那心，將前一個剎那心所負載的經驗接手過去，然後到第三剎那又有一個剎那心，將第一個剎那心的經驗接手過去，如此再傳遞到第四個剎那心。所以第一個剎那心所經驗到的，會依次移交給每一個後繼的剎那心，然而它們不是同一個心，每一個剎那都有一個新的心。

主張這個理論的人，認爲萬物只在剎那中存在，但是他們必須要能解釋爲何我們能記憶到先前的事，爲何業力果報會跟著行爲人，這些都需要有「連續」的現象才能說得通。

人類的語言也是剎那生滅理論無法解釋的問題。例如，當我在發音說「牛」這個字的時候，我是連續發出「n－i－u」❶ 三個音。單單「n」這個音並不能告訴你我是在講「牛」這個字，「i」這個音也不是「牛」，「u」也不是「牛」。只有在有一個連續的心地中，能夠依序記住「n – i – u」這三個音的聽覺經驗，把它們結合起來，心中才有了一個對「牛」這個字音的認知，知道我是在說「牛」。

關於這個問題，接下來的經文還會繼續討論。我們此處需要記住的是，心地不會自明，具有覺性的本我才能自明。心地只是本我所覺知的對象，作爲覺知的對象是不會自明的。

譯註：

❶原文是依梵文「gau」（牛）的發音為例，譯者改為中文「牛」的發音。

IV.20 eka-samaye cobhayānavadhāraṇam

且二者非可同時認知。

經文拆解註釋

eka-：一

samaye：其時

ca-：以及

ubhaya-：二者

an-avadhāraṇam：無認知

全段白話解讀

而且，心地和對象這二者，

不可能同時被認知。

第19經說，心地不能覺受自己。現在第20經再進一步說，更何況心地不可能同一個時間既覺受到它自己，又覺受到外在的對象。

我們在講第一篇的時候多次提到，任何行爲（或者認知）的過程，都是由一個三角關係所構成：「行爲者（認知者）」、「行爲（認知）」、「行爲（認知）對象」。認知者和認知的對象是不同的，一個是主體，另一個是客體。所以，同一個心念不可能既是主體認知者，同時又是被認知的客體對象。

例如，我們說「我見到東西」，這不是一個心念的作用，而是有兩個念頭在裡面。一個念頭是覺知到某一個東西，還有一個念頭是覺知到有一個自己。這會是兩個念頭，不是一個念頭同時覺知到兩個對象。即使這兩個念頭之間的間隔時間極爲短暫，仍然是兩個念頭，而且不是同時發生的。

這個討論還是針對佛教的「剎那生滅論」，他們主張念頭一剎那間就消失，下一個剎那又重新冒出另一個新的念頭。那麼，我們如何可能在一剎那的一念中既認知到客體，又認知到主體？如果是兩個剎那分別生起兩個念頭的話，它們如何能聯繫起來讓你能知道「我見到東西」？

這裡的結論是，心地可以覺知到對象，但不能同時覺知到自己，所以不是自明的。

IV.21 cittāntaradṛśye buddhi-buddher-ati-prasaṅgaḥ smṛti-saṁkaraś-ca

若爲別心地所覺受乃布提之布提無止境錯謬，亦記憶之混淆。

經文拆解註釋

citta-：心地

antara-：別的，另一個

dṛśye：（爲）覺受（對象）

buddhi-buddheḥ：布提之布提

ati-prasaṅgaḥ：無止境之誤

smṛti-：記憶

saṁkaraḥ：混淆

ca：而且

全段白話解讀

如果說心地可以成爲另一個心地所覺知的對象，則此論點就落入布提之外還有無窮布提之錯誤，而且記憶究竟是屬於哪一個布提之混淆。

這裡還是在回應「心地是剎那生滅」的主張。假如說一個心念所帶的記憶剎那就消失了，它是被下一個剎那生起的心念所見（所覺受）到（dṛśya），所以記憶就傳下去，然後由再下一剎那的心念接手，然後第四個剎那的心念，第五個、第六個，一直傳遞下去。每一個智性（布提）的知，後面還必須接著「另一個」（antara）布提來覺知它，如此必須無止境連續下去，就成了經文中說的「布提的布提」（buddhi-buddheḥ），這是個「無止境的錯謬」（ati-prasaṅga）。例如，此刻我想回憶自己小時候見過的一個瓶子，我要回憶多少記憶的記憶、記憶的記憶、記憶的記憶、記憶的記憶？更何況每一個重新生起的心念還會是帶著別的對象的記憶，如此豈不會引起「記憶混淆」（smṛti-saṁkara）？

剎那生滅理論的困境，主要是因為佛教不承認有一個「本我」。我們的感官覺知到外物對象，然後心地覺知到感官所經驗到對象，那麼是哪個能知道心有所覺知呢？他們說是下一個剎那冒出來的心念，下一個心念剎那又滅了，後面再有一個心念，那個心念之後又有一個心念，如此就成了心地之後還有心地這永無止盡的困境。數論瑜伽主張有一個「本我」是最終的見證者，心地則是屬於原物，既能覺知對象，而本身也是被覺知的對象，這就解決了問題。

威亞薩接著說，佛教徒想要從五種「蘊」（skandha）解脫出來，用盡一切方法止息妄念以讓心靜下來，像是依止上師、從事刻苦修行等，結果是在努力否定他們所要追求的那個本來。數論瑜伽說，那個本來，就是「自」（sva），自性，是本來的我，不是由任何「蘊」所構成，是永不變易的。後面第22經會接著講「自」。

問：什麼是五蘊？

答：我們此處只能簡單地介紹，就是所謂的色（rūpa）、受（vedanā）、想（saṁjñā）、行（saṁskāra）、識（vijñāna）。色，是形狀（form, shape）。受，是感受。想，是對感受的覺知。行，是加行、加工，不是我們所謂「心印」的那個「saṁskāra」。識，是認識、認知、辨認。這五重積聚造成了個體，但是最終只是「識」。然後識又生出了色，色再造成受，受再造成想等等，如此重複循環。❶

譯者按，這一句經指出了數論瑜伽哲學（或者廣泛來說是印度古典主流哲學）與佛教教義最基本的歧異之處，在於佛教「無我」的主張。下面節錄的是斯瓦米哈瑞哈若難達的註釋：

滅苦的方法，在於能分辨布提（譯按，布提泛指心的作用）和本我之不同。學會這種分辨力就要靠「比量」和「聖言量」（譯按，見第一篇第7經），然後由三摩地生起「明辨慧」（viveka-khyāti）得到完全的實證。這就是為什麼《瑜伽經》的作者要用邏輯推理（比量）的方法得出「心地」和「知者」（譯按，亦即本我，見第一篇第3經）是分開的結論。持不同意見的人會說，縱然我們接受心不能自明，還是可以主張心念是被另一個心念所明，因此就不需要承認有「本我」的存在。譬如說，「我覺得憤怒」這個心念，就證明了是有另一個心念見到了前一個心念。《瑜伽經》的作者告訴我們，這個假設不能成立。如果說，前一念和現在這一念只是同一個心的兩種狀態，就不能說有一個心在看著另一個心，因爲心只有一個，又不能自明，它只是所知的對象，而不是能知的知者。

要提出上面這個主張，就必須先假設「心在不同的時刻就不是同一個」。但這個假設是不成立的。如果說，另有一個後心是前心的知者，那就必須牽涉到無窮盡個重複的心去知，而且此刻這個能知的心必須被下一個心所知。此外，未來的心是如何能知此刻的心？

這種主張如果成立的話，也會導致記憶的混淆，因爲在這個情況之下如何能清楚回憶起任何特殊的記憶？數論哲學對這個題目提供了合理的說法，是本我在見證著覺受功能接觸到外物對象的經驗。那個覺受功能的認知力，其實是「物」的作用，不是眞有覺知，是本我反映在其中，才顯得似乎是有意識的。

根據數論哲學，本我是那絕對的覺性，才是眞正的知者。用這個觀點就很容易說明什麼是解脫。「壞者」❷主張，「識」之外沒有任何眞實存有的對象，或者說除了「識」，一切都是虛無的。那麼，就不値得花費精力去讓心念之流得到止息。從未有過任何客體對象能將自己變空，或者能將自己變得虛幻不實。因此，任何的「識」也不可能將自己變空。

虛無論者爲了要徹底空去「五蘊」，會去受戒苦修，然而，他們如此費盡力氣所要達到的目標，依他們自己的見解，不過是個虛幻的空。這是個荒謬的見解。

爲了方便討論，先假設這種論點能夠成立，即所謂的本我不存在，但是，我們仍然無法避免會有「我希望得解脫」、「我希望能得空」的念頭。因此，這種否定有「我」的觀點是無法成立的。

涅槃、解脫的意思是「與苦痛分離」。分離就意味著有兩樣東西：苦痛，以及要脫離苦痛的主體。所以更好的說法應該是，「解脫了」就是「有苦痛的心，從此與受苦者分離」。

在數論哲學中，這個「似乎」受苦者就是我們的自性，或者說就是本我。那才是讓純粹的「我」從一切「我執」妄想分離出來的終極目的。

譯註：

❶斯瓦米韋達此處對「五蘊」的解釋似乎比較接近南傳佛法的說法。譯者曾經問過斯瓦米韋達，一般外文常將五蘊中的「行」（saṁskāra）譯為volition （意志、決意），他不認為是正確的翻譯，他說應該翻譯為 process （加工、準備，或者用佛教術語是「加行」）。按，譯者也見過南傳的大師將這個字譯為construct（構造），應該和斯瓦米韋達的解讀相同。至於什麼是「識」，因為時間所限，當時他沒有為譯者解答，只說這個概念極不容易準確掌握。

❷vaināśika，見本書〈楔子〉註❶的說明。

心地・本我與心地之關係

第22～24經

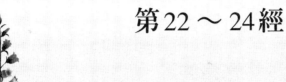

IV.22 citer-apratisaṁkramāyās-tad-ākārāpattau sva-buddhi-saṁvedanam

覺性無易移，呈彼自布提形態故知。

經文拆解註釋

citeḥ-：覺性（之）

a-pratisaṁkramāyāḥ-：（因）不變易，不轉移

tat-：那個

ākāra-：形態

āpattau：（於）呈現，成爲

sva-buddhi：一己布提

saṁvedanam：知曉

全段白話解讀

本我覺性具有不變易、不轉移的特性，
由於它反映於布提中呈現自己，
也因而能知曉那個布提中所反映的外物。

譯者按，這一句經有多重的意涵，斯瓦米韋達的翻譯在指出本我自己既反映在布提中，也藉著布提的反映作用而知曉外物對象，然而，本我是不變易的。譯者所翻查的譯本，對於前半句「本我是不變易」這一原則都沒有異議，然而後半句則有不同的解讀，例如：「因爲布提反映出本我的形貌，造成布提似乎變得有覺知」；也有譯爲，「本我因布提反映的形態而覺知自己」。不過，這些意涵都已經包括在斯瓦米韋達下面對本句經的解說裡。

前面第18經說到，心地中所有的心念都被那永不變易的本我所知曉。這就帶出了一個問題，你們能發現問題出在什麼地方嗎？心念是在不斷變易中的，既然本我能知所有的心念，那是否意味著本我的「知」在不斷變易中，所以本我也會發生變易？這就是第18經所遭到的質疑。因此，第22經是在澄清這個疑點。你們在研讀《瑜伽經》的時候，要會找出每一句經之間的關係所在，要問爲什麼有這句經、它的目的何在。不懂這些就無法眞的讀懂《瑜伽經》。

首先，我們要注意到，在這句經中用的是「覺性」（cit）這個字，而不是「本我」（puruṣa）。覺性是那個本我的「覺性力」（cit-śakti），是它將本我和布提連結起來。它是本我覺性的光芒，由於它接近了布提（布提是心中悅性最顯著的部分），它的光反映在布提這面鏡子上，使得那個屬於「物」的布提才顯得有了覺性。我們一再強調這個道理，希望大家能記住。

本我的覺性是反映在布提朝著裡面的鏡子中，也就是反映在「有我」（asmitā）中。布提朝著外面的鏡子是「我執」（ahaṁkāra）。你必須要了解本我的覺性之力和「有我」的這種關係，如果你不了解這個，那你對目前我們在研讀的「獨存篇」的認識就是零，你對瑜伽的認識就是零。

本我是不會有任何變易轉化的，它的覺性不會轉移出去，但是布提卻似乎得到了它的覺性，那完全是因爲本我反映在布提上的緣故。因此當我們說本我知曉所有的心念，並不意味著是一個接著一個的本我在知曉（譯按，也請讀者參照第二篇第20經的說明）。

本我和心的關係是有如太陽反映在湖中，湖中的波浪似乎會發光，但那完全是反射的光，太陽不在湖中，太陽的光沒有轉移給湖水。湖中的波浪干擾到湖中的太陽，但是被干擾到的只是太陽的倒影，太陽本身和它的光完全不受影響。

我們說過，心在經驗到任何外物對象時，其實是心在「呈現、擺出」（āpatti）它所經驗到外物的「形態」（ākāra）。例如，心在感覺水的時候，它會呈現出水的反映。因此，當本我接近布提時，本我的光芒會反映在布提中。這就是說，心也會就它能力所及，呈現出本我的形態。因爲布提的純淨，所有外在的形色都會反映在布提中，本我內在的力也會反映在布提中。悅性的布提就像是一面鏡子，或是一塊清澄的透明水晶。水晶周圍有黃色的光就會變成黃色，有紅色的光就變成紅色。如果它的一邊有黃色的光，另一邊有紅色的光，這塊水晶就同時有三個形色，有黃色、紅色，以及水晶自己的形貌。水晶並沒有失去自己那純淨清澄的形態和色澤，但是它又能反映出黃光和紅光。

所以心地（也就是布提）❶同時接受到兩個反映，朝外的那一面所反映的是外在物件對象，朝內那一面所反映的是本我。心因爲經驗到外在對象，所以會呈現出外在經驗念頭的形態。同樣的道理，心也會呈現出內在那一面所反映到的「自」（sva），所以心會自以爲是知者，是行爲者。那個「自」就是本我覺性之力，它的光落在心內布提的鏡面上，而心所能呈現、所能反映的本我，當然是有限的，並不是眞的本我。

威亞薩引用了古籍中的一段話做爲註釋這一句經的結語：

> 聖者們教導，永恆的『梵』所藏身的洞穴，非在地府世界，非在高山洞中，非在深深黑暗中，非在大洋之谷中，而是在那顯現和覺性無異的布提心念中。
>
> na pātālaṁ na ca vivaraṁ girīṇāṁ naivāndhakāraṁ kukṣayo nodadhīnām, guhā yasyāṁ nihitaṁ brahma śāśvataṁ buddhi-vṛttim-aviśīṣṭāṁ kavayo vedayanta iti

譯者按，《瑜伽經》正文中從不提「梵」（Brahman）。威亞薩在《釋論》中引用的這段話，則似乎是將《奧義書》中的「梵」等同於《瑜伽經》中的本我。

譯者覺得這一句話似乎可以理解爲，自性反映在心地的鏡中，而在心地完全明淨的時候，可以清楚於其中見到自性。這與中國禪宗所謂的「明心見性」頗爲相近。

洞山禪師因在水中看見自己的倒影而悟，所寫的偈子是：「切忌從他覓，迢迢與我疏。我今獨自往，處處得逢渠。渠今正是我，我今不是渠。應須恁麼會，方得契如如。」似乎與這一句經（以及下一句第23經）所講的道理有相通之處。或者也可以將這句話理解爲，自心生起善念良知之處，也就是那至高「梵」的藏身所在。

讀者也請回頭參閱第三篇第35經的「悉地」：「行三耶昧於自，知曉本我。」或許對其中的道理更能有所體悟。

總之，威亞薩引用這句話做爲結語，自然有深意，譯者建議讀者細思之。

譯註：

❶本文中所謂的「心地」是廣義的「心」（梵文為citta，英文為mind），包括了四個不同的功能：意（manas）、質多（狹義的citta，儲藏記憶的功能）、我執（ahaṁkāra）、布提（buddhi），但是不包括「肉團心」的心臟（hṛdaya）。

IV.23 draṣṭṛ-dṛśyoparaktaṁ cittaṁ sarvārtham

心地爲見者所見染，一切均爲對象。

經文拆解註釋

draṣṭṛ-：見者

dṛśya-：所見對象

uparaktaṁ：被染色

cittaṁ：心地

sarvārtham：所有對象

全段白話解讀

心地受到見者以及見者所見對象而染色，

它以所有事物爲對象。

威亞薩將「心地」（citta）比喻為一塊水晶，「見者」（draṣṭṛ）就是本我，當它接近水晶時，水晶會反映出「見者」，就是「被染色」（uparakta），這就是我們前面所說過的，心地中布提朝內的那一面反映出本我覺性的光。而當外面世界的客體「對象」（dṛśya）接近水晶，水晶也會被它所染色，也就是布提朝外的那一面透過感官作用反映出物件對象。水晶既被見者所染，也被所見所染，它似乎同時具有能見和所見的功能，所以這句經說心地能知「所有對象」（sarva-artha）。但是，我們一再重複告訴大家，心地仍然是「物」，是死東西，只不過因為反映出本我的光芒而顯得似乎有覺知、有生命而已。

「所有對象」（sarva-artha）這個字還有另一層意義。由於「artha」也有「目的」、「用途」的意思，所以「sarva-artha」可以解讀為「所有用途」。因此，心地除了能知一切之外，也具一切用途。什麼用途？就是我們一再說過的那個三角關係：能執取者（grahītṛ）、執取工具（grahaṇa）、所執取對象（grāhya）。也是我們講第20經所提到的：「行為者（認知者）」、「行為（認知）」、「行為（認知）對象」的三角關係。能執取者是那個能執取、能認知的主體。所執取對象是被執取、被認知的對象，是客體。執取工具則是那個執取的過程，或者用於執取的工具。心地能滿足這三種用途：

1. 作為執取者：心地受到本我所反映的光，才顯現出似乎是有覺知的。由於心地有這個「能知」的作用，因此它會自認為是有覺的，除了自己再也沒有另一個覺者。就像一名住在洞穴內的人，從未外出見過太陽，洞內的光線是一面鏡子反射陽光而來，就以爲鏡子是太陽，是唯一的光源。這是一種誤解。

2. 作爲所執取者：由於外在的對象反映在心地中，心地以爲自己就是那對象物件。這是另一種誤解。
3. 作爲執取工具：心地能夠轉化變易成爲覺知的對象，因而有認知的功能，所以它就是個執取的工具。

第23經是一個關鍵經句，如果我們能眞正理解到它的義理，能如是思維的話，就能明白許多道理，可以打開很多門戶。

根據上面的分析，我們發現心地原來是罪魁禍首。首先，它以爲自己具有覺性，是覺知力的來源所在，只有它才是知者，錯誤地取代了本我。其次，因爲外在的對象反映在心地中，它以爲一切都是在心中造出來的，只有心識是眞實的，除此之外沒有任何實在對象可言。這就是前面所提到的佛教唯識論的主張，就某種程度而言，這也是吠檀多的主張。吠檀多認爲一切都是「梵」，唯有「梵」。所以，有時候某些佛教的主張很難和吠檀多的主張予以區別。西元第八世紀末期的商羯羅大師，他在印度全境打敗佛教哲學，重振吠檀多哲學，就被有些人認爲他其實是一名「地下」佛教徒。

我們要明白，所有的認知、覺受、感覺都有兩個層面。一個是，這裡有一個瓶子。另一個是，我見到一個瓶子。第一個層次意味著瓶子的形象透過眼睛感官，反映到心地朝外的一面上，心地就形成了一個瓶子形狀的心念。第二個層次是，心地朝內的那一面（布提）說，我在心地中見到瓶子。這裡所講的兩個覺知過程，同樣適用於其他感官的覺知，例如聽覺、觸覺等。

第一個覺知是我們在心中經驗到那個瓶子，可以說瓶子以心念的方式進入了心中。原本的瓶子還是在外面，只不過我們無法直接覺知到它。當然，有人會主張，外面的瓶子根本就不存在，瓶子只是我們心念的產物，這是我們唯一能體驗到的。這個論點已經在第14、15、16經予以駁斥，就不再重複。

問：具體而言，心是呈現出瓶子實際的形狀，還是呈現出一個瓶子的念頭？

答：心地當然不是呈現出實際大小的瓶子，而是呈現出瓶子形狀的念頭，不具有實際的尺寸，而是一種具有尺寸、大小、形狀的念頭。

問：如果沒有人在看那個瓶子，它還存在嗎？

答：瓶子還是會在它原本所在的地方。我們見到的是呈現在心中的圖像，那就是我們此刻這個程度的人在修練三摩地時所專注的對象（譯按，請參閱第一篇關於有尋三摩地、三摩鉢地的解說）。至於瓶子實際的狀態，是屬於「勝論哲學」（Vaiśeṣika）所探討的範疇（譯按，也是今日自然科學的領域）。然而，從數論瑜伽的觀點而言，即使我們不去管它，瓶子還是存在的，我們認爲這是理所當然的。但是，這並不是說它只存在我們的心識中。我們不必去研究瓶子的物理狀態，也不需要去研究瓶子的形狀如何因爲光線折射而落在眼睛的視網膜上。我們甚至不需要去研究那個落在視網膜上的影像又是如何經過神經傳導進入腦中。在這個階段，我們只探討心如何執取到「有一個瓶子」的念頭，也就是整個輸入過程的最終階段。

你要明白，我們常人目前最關心的是外在的世界，所講的是外在世界的眞實，然而，在有智三摩地（samprajñānta-samādhi）的境地，你是被限制在一座城堡中。這座城堡中有一道又一道的圍牆，你處於哪一道牆之內、在哪一道牆之外，是另一個題目。當我們處於三摩地的時候，這另一個題目才是我們該關心的。城堡最外面的那一道牆早已經跨過，然而我們還有很多道牆需要跨越。

當第一個覺知的念頭「有一個瓶子」剛成立，心中馬上就會起第二個念頭「我見到一個瓶子」。這就是本我覺性之光照在心地朝內的布提上（反映在布提上），布提因爲反映了本我的覺性之光而自認爲它是主體，是認知者，是行爲者。這就是心地錯誤的自我覺知，前面第19經已經駁斥了。

總結第23經如下：

前面已經解釋過，心地的特質是，當外物反映在它上面時，它就會轉化成那個外物的形態。所以，當本我的覺性反映在心地上，它就變得似乎是有覺知的，因而造成一種錯覺，認爲心地自身是有意識的，而且除了心地之外，沒有任何其他的「我」存在。再者，因爲世界外物反映在心地中，它以爲自己似乎就是心念覺知的對象，因而造成了另一種錯覺，認爲萬物只存在於心識中，心外無物。所以，這個心地只是會模仿而已，就像一名演員在一齣戲中同時扮演三個角色：執取者、執取工具、所執取者。

譯者按，根據斯瓦米哈瑞哈若難達，藉由三摩地而專注於本我在布提上的反映（因爲本我不可能做爲專注的對象），因而能知道本我確實存在。能夠分辨出執取者、執取工具、所執取者這三者是分開的，才是有正確見地的人。因爲有如此的正見，能確立本我存在，然後才能經由三摩地來成就「明辨慧」，如實認知本我。最後連「明辨慧」這個心的作用也捨棄，就是做到了第一篇第16經所謂的「終極無執」（para-vairāgya），那麼才到了瑜伽的終極目標「獨存」，才是終極的解脫。

IV.24 tad-asaṁkhyeya-vāsanābhiś-citram api parārthaṁ saṁhatya-kāritvāt

即使彼無盡色染習氣亦爲他而有，以合成作爲故。

經文拆解註釋

tat-：那個

a-saṁkhyeya-：數不盡的

vāsanābhiḥ-：（具）習氣

citram：多重色

api：即使

para-：其他

arthaṁ：目的

saṁhatya-：聚合，合成

kāritvāt：（由於）作爲

全段白話解讀

那個心地，

即使具有受到無窮盡染色的習氣，

也只是爲了其他目的而存在，

因爲它只能是合成物的一部分才有作爲。

我們的心地多生累劫以來接觸過「無數的」（a-saṁkhyeya）對象，累積了「形形色色」（citra）的心印，形成了種種「習氣」（vāsanā），可是它的使命只是在爲「別個」服務，而那「別個」就是本我。因爲心地是「合成」（saṁhatya），合成物都是「爲他」（parārtha）而存在，不是「爲己」（svārtha）而有。

威亞薩舉了一個房子的例子，他說房子由許多部件組合而成，它不是爲了服務貢獻房子自己而有，而是爲了「別個」而有，爲了居住在內的主人而有。心地要服務的主人就是本我。而且，因爲它是合成之物，無法獨立作爲，必須要和別個「共同協作」（saṁhatya-kāri），如果沒有本我在旁的話就根本無法運作。所以，無論心地累積了多少色彩繽紛的習氣，它只是爲了本我而存在。

心地是由原物（prakṛti）衍生而來，自然具有悅性、動性、惰性三種質性，它又挾帶了數不盡的形形色色的習氣，自然是一個合成的產物。凡是合成的，就表示它不是獨立存在，也不是爲自己而存在。心地的主人是本我，本我不是合成的，它完全是爲己而存在，不會有任何爲他的目的。

第二篇18經說過，凡是「所見」（dṛśya，是指心地布提而言）本質都具有三種質性，是由「根」（indriya）和「種」（bhūta）所組成，它的目的是提供「報」（bhoga）和「脫」（apa-varga）。心地是合成物，它的目的就是在爲本我提供「報」和「脫」。「報」，是種種的經驗體會，包括了苦樂在內。心地是本我體驗苦樂的主要媒介。心地又有「脫」的目的，是幫助我們由束縛解脫的工具。這個「報」只是在心地的布提之內產生，而我們不能明辨，以爲是「自己」在經驗它，所以就成了「縛」。如果能夠分辨而得出結論：眞正在經驗的是心地的布提，而本我只是個中性的旁觀者，不會有苦樂之受，這就是「脫」。

此處所說的「分辨」，是一種「如實知」（tattva-jñāna），屬於布提的六種主要作用中的一個，是經過一連串的否定、肯定，最終得到可以奉行之結論的一連串思辨過程。你們需要回頭去讀那一句經的說明。

這個思辨過程可以與黑格爾的辯證法哲學相比較，他的根本主張是一切事物之內都帶有否定、毀滅自己，以及創造和改進的種子，所以是個正、反、合的過程。任何事物都是處於正的狀態，可是它內在有反的種子，一正一反就產生了衝突矛盾，「反」的狀態占了上風，但是它也承繼了「正」的狀態所含的優點，因而產生了「合」的狀態。然後，「合」的狀態成了「正」的狀態，裡面帶有「反」的種子，又開始下一輪的正反合過程。後來，馬克思就依據這個辯證法發展出一套唯物的史觀。所以我們可以說，這個思辨的理則是普世的。

心地是爲本我提供「報」的媒介，這同時也是一種束縛，然而，它本身也帶著摧毀束縛的種子，那就是心地中本來具有的悅性，也就是純淨、面向本我的布提。如此的布提能思議，能對心地的種種妄想執著做出反思，因此否定了「報」的束縛，能分辨本我和布提之區別，從而如實深思篤行，終於得三摩地實證本我。從這個角度來看，前面幾句經是在解說心地逐漸撤出這個舞臺的過程，是尤具深意的經句。

總之，我們要說的是，心地無論是提供「報驗」或是「解脫」，都不是爲自己，是爲了本我，因爲本我不是組件，也不是合成物。本我就是「獨存」，因自己而有，爲自己而有，依自己而有，完全不假外求，也不爲外所求。

獨存・斷除干擾

第25～28經

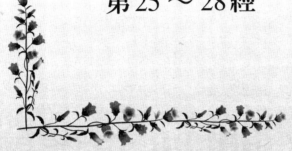

IV.25 viśeṣa-darśina ātma-bhāva-bhāvanā-vinivṛttiḥ

於見分別者，一己本質之思惑已停。

經文拆解註釋

viśeṣa-：分別

darśinaḥ：見者

ātma-：一己

bhāva-：本質

bhāvanā：思惑

vinivṛttiḥ：停止

全段白話解讀

對於已經實證到心地和覺性分別之人，
對於一己本質不再起思惑。

第四篇從第4經到第24經，都是在探討心的本質以及駁斥佛教某些宗派所繼承的主張。從第25經開始，回歸到本篇的主題「獨存」，所以是另一個段落。

這句經說，對於已經實證、見道之人（darśinaḥ），在能夠分辨（viśeṣa）心地和本我覺性之後，他對於「一己本質的疑惑」（ātma-bhāva-bhāvanā），例如「我是誰」、「我是怎麼來到世上」等等，都會「停止消失」（vinivṛttiḥ）。要提醒大家注意的是，經文中的「ātma」這個字不是在說我們本來的「本我」、「阿特曼」，而是說那個一己的小我，那個我們誤認爲是心念的自己。到這個地步的人，已經把身體拋下，不會把身體當作自己，但是會把自己的心當作自己。所以，他們起了「我是誰」這樣的疑惑，那個「我」是就心而言，是這裡的「ātma」所指的。

威亞薩在註釋這一句經的時候說，在暴雨之後見到原本乾旱的地面長出青草，可以推論地底下藏有草的種子。同樣的道理，有的人在聽聞解脫道之際，會興起無以倫比的喜感，流出感動的眼淚，渾身的毛髮都豎立起來，我們可以推斷此人一定曾經在過去某一世已經實證見到本我和心地的區別，或者已經走上修行解脫之道，已經種下了如此的種子。❶這種情感的流露，和「奉愛瑜伽」（bhakti-yoga）在本質上沒什麼區別，所以不要說《瑜伽經》中沒有「奉愛瑜伽」。

有如此種子之人，他很自然就能觸及自己的眞實本性，因而不再有疑。沒有如此種子之人，就不會有想要追問自己本質的疑惑，因爲如此，他們會不相信此生結束還有後世，也不會想要去追尋眞理。

所謂追問自己的本質，不外乎是去問「我是誰，我是什麼，我生前是誰，我怎麼來的，我死後會如何」等等。這些疑問對於已經明確知曉本我的人，都會消散而不再生起。爲什麼？因爲這些疑問都是心地轉化變易的心念作用，如果「無明」不再存在，本來清淨的本我就不會再被心地所起的妄念所影響。因此，開悟之人就不會再去追問這些問題。威亞薩稱這樣的人是「kuśala」，眞通達、眞善巧之人。我們則是「a-kuśala」，不通達、善巧之人。在印度，我們見面時常用印地文問對方是否「kuśala」，就是在問：「你好嗎？」所以根據《瑜伽經》的標準，我們都「不夠好」。

我們一般人要走的過程是，起先都被外在的現象和事物牽著鼻子走，迷失於外在的誘惑中。其後可能會開始產生一些對人生和對自己的疑問，但是還沒有能夠痛下決心依照自己所尋獲的解答而行。隨後那份疑念越來越深，自己更深入探究，經由「瑜伽」（譯按，此處是《瑜伽經》所謂的「瑜伽」）實證到心地和本我之別，然後就不再起那些疑念。這就是這一句經的要旨。

到了這個地步的人，他很自然地隨時都能將心念保持在自己的本性上，清楚知道現在這個自己，和以前所以爲、所認識的自己，完全是兩回事。斯瓦米拉瑪以前就會問我們：「你有沒有把自己和自己分開來？」就是這個意思。他要我們經常念著自己的清淨本性，那是自然而然、隨時不會忘記的，毫無造作而來，不是靠邏輯、討論而來的。他常說：「信，不關邏輯推理的事。它不可經由心的尋思過程而來。」只有還沒開悟的人才會有那些疑問，有一大堆的問號。但是，還未開悟的人，對於自性的初步知識，當然還需要靠研讀經論以及推論思辨而來。

這個過程，用幾個我們學過的《瑜伽經》觀念來說，起初是「起心印」（vyūtthāna saṁskāra）爲主，那就是第一篇第31經的「干擾」（vikeṣepa），也就是第一篇第30經的「障礙」（antarāya）。「vyūtthāna」這個字，我以前解釋過很多次了，它的意思就是「起」，這是最粗淺的意義。

譬如說你坐下來冥想或是持咒，沒多久坐不住了，起身下座，那就是「起」，留下了「起心印」。比較細微的意義是指岔進來干擾的妄念，以及第一篇中提到的九種「障礙」及五種「干擾」這些干擾的情況，它們在你靜坐的過程中都會干擾你。

然後，我們開始能定下來，到了一定程度後，「滅心印」（nirodha saṁskāra）開始增強，壓制了「起心印」。以前的傾向是會想起身，而到此時，我們自然地傾向於想繼續坐下去，想留在靜坐的狀態中，能坐得更久。

之後，我們來到一個境地稱爲「viveka khyāti」，即「明辨慧」，我們在讀第二篇第26、27經時已經學過了。什麼是「明辨慧」？就是明白了自己不是「原物」，是「本我」，與「原物」是完全分離的。在此以前，我們一直把「原物」認作自己，例如認心地爲自己。能分離，就是知道了「原物」和「本我」彼此是獨立的，互不依賴的。有了「明辨慧」，其中一個結果就是第三篇第54經所提到的「prasaṁkhyāna」，即「遍知正智」（也是後面第29經的用字），所有一切都能霎時知曉的智慧，所以，你可以知道木星的某一顆衛星上所發生的事。木星有六、七十顆衛星，每當我想到木星時，我眞不知道那邊的天文學家要如何去觀察它的衛星，如何計算曆法，日蝕月蝕。但是，你一旦有了這種智，就一切都知道了，那就是「遍知正智」。

不過，就算有了這樣的智又如何？它跟你得到解脫沒有關係，所以最後連「明辨慧」也要放下來。如果能把那個由「明辨慧」而來，知一切的「遍知正智」都捨了，就到了後面第29經所稱的「法雲三摩地」（dharma-meghaḥ samādhi）。威亞薩在第一篇第2經的註釋中就已經提到過「法雲三摩地」，在我那本第一篇的釋論中有把它翻譯出來。到了這個境地的人，在三摩地中，法德智慧就像雨雲一般，能降下法雨，填滿所有空洞，不再有間隙。

那麼，到了「法雲三摩地」，是否就是最後的目標呢？不是的。在《瑜伽經》，「獨存」才是最終目標。「獨存」是「本我」和「原物」各自獨立。「明辨慧」是能夠分辨兩者，「獨存」是兩者終於分開，此後互不相干。你要去讀第二篇第27經講的七重智慧，七個層次的智慧。

以上可以算是對第25經到最後第34經的一個摘要，後面我們再做進一步的說明。

譯註：

❶這也許能解釋為何有些人特別容易接受瑜伽（或其他修道的方式），喜歡與同修為伍，對世俗浮華的興趣逐漸降低。縱然前世沒有種下開悟的種子，但至少可能已經有了慕道的種子。

IV.26 tadā viveka-nimnaṁ kaivalya-prāgbhāraṁ cittam

於是，心地傾向明辨，重獨存。

經文拆解註釋

tadā：於是，所以

viveka-：明辨

nimnaṁ：傾向

kaivalya-：獨存，終極解脫

prāgbhāraṁ：側重，引向

cittam：心地

全段白話解讀

於是，

心地傾向於明辨智慧，

側重獨存解脫。

威亞薩對這句經的解釋，必須要和他對第一篇第12經的解釋合起來研讀，他用了很多同樣的字詞。這句經是說，心地原本受無明驅使，自然會受外物所吸引，到了這個地步則自然地轉向到明辨智慧。目前無論你讀通多少書，學習過多少本事，做過多少冥想，你對外界的事物仍然是認眞的，你會對它們起反應，你會受它們所吸引。但是，一旦你能見到心地和本我是截然不同的，你的心地就會受明辨智慧所吸引，不再受無明所驅使，會自然而然地趨向獨存。對這個境地的解釋，你要回頭去讀第一篇第15經，就是起了捨離無執著的心態，能把一切都放下，唯一要追求的就是獨存解脫。

在修行的過程中，當你完成了所有的思辨、冥想、淨化身語意的過程，你會來到一個境地，一方面你不再累積新的心印，另一方面以前累積的心印開始消融，我告訴你，那你就會變得孤獨。你會變得非常孤獨。到你成就那全然的獨存境地之後，你才不再覺得孤獨。但此時，雖然你的成就是千百萬人中無人可及，可是你還沒有能完全超越心地，也沒有能完全擺脫人際關係，那才眞叫人難受。難受是因爲你不再能理解別人的言語行爲，而別人也不能理解你的言語行爲。我告訴你，這是我親身的經歷。我此刻還處於這個階段，還沒有走過去（譯按，斯瓦米韋達講這番話的時候是在1970年代）。我覺得無比、無比地孤獨，因爲這個過程無法按照常理去了解。你所做出的選擇，和常人在很多方面都如此不同，以致沒人能完全明白你究竟做了什麼選擇以及你的目的何在。他們會質問，你怎麼能做出這樣的決定。他們會覺得你根本不理解現實世界的情況，認為你簡直是個白痴。所以「獨存」這個字似乎成了孤寂感。

當你不再累積新的心印，以及舊的心印開始被消融，那麼心地就會自然「傾注」（nimna），像水往下流一般，流向「明辨」（viveka）。到此，你就不再需要掙扎上坡。對於大多數人而言，求明辨就是在掙扎上坡，要經過思辨論證，做這樣那樣的修練，有如此難以遵守的戒律，要擔上千鈞之重，有這麼多的自責感，眞是太艱難了。但是，到了此時，你有了這種「明辨傾向」（viveka-nimna），就像是水自然而然地往下傾注塡滿了空穴。用另一個方式說，像是「壓重在獨存這一邊」（kaivalya-prāgbhāra），朝向解脫前進。

要知道，對大多數人而言，進步是有一個過程的。我們本來自然會傾向於選擇世俗的一邊。每當我們聽見別人說到神，我們會說：「喔，那都是一些不切實際的事。」後來你慢慢開始對此感到興趣，但是那對你過日子的方式沒有起到任何實質的影響。你每個星期去一次教堂做禮拜，偶爾會祈禱，可是你仍然沉迷於追逐世俗的享受。對你而言，所謂的選擇不外乎是在世俗事物中做出選擇，你的掙扎也只是限於在這些選擇中掙扎，該挑這份工作還是那份，該選這位對象還是那位，該買這棟房子還是那棟，該投這個政黨還是那個政黨。

然而，當你繼續把念頭放在清淨的對象上，繼續去讀經典，繼續去聽那些道理，繼續和同修們一起，漸漸地，你的那把秤到了49比51地步的時候，你的心中會有另一種掙扎，一邊在說：「不，不，這才是對的，是眞理。」另一邊會說：「可是，你看那多美啊！」你會對自己說：「我永遠無法放掉這個世界上一切美好的享受。是的，那些哲理很好，我也喜歡聽，但我就是放不下。」所以你爲自己找出各種各樣的藉口，所以你仍然繼續在造、在累積新的心印。你繼續冥想、繼續沉思，你繼續世俗的生活方式。

然後，某一天早上，你睜開眼睛時說：「咦，誰知道我終於做到了！我以爲自己永遠無法抗拒這個誘惑，但是我做到了。我現在居然覺得它不是那麼無可抗拒。究竟發生了什麼事？」你開始覺得有些飄飄然，自我感覺很好。忽然，你的上師在凌晨一點來電訓斥：「你眞沒用！你有什麼好？有什麼好自豪的？打掉你的自我！」你倏然被打回原形，知道自己還有很長的路要走。所以，你繼續下工夫、下工夫。有一天，突然那把秤上的49和51調轉了，追尋絕對解脫的那一邊變重了。在選擇去冥想還是看完那部電影之間，本來你會有所掙扎，本來你會決定先看完電影，遲一點冥想也無妨，本來你可能會說：「讓我在看電影的時候同時持咒好了。」可是現在你會說：「電影有什麼好看的，還是去冥想吧！」因爲你秤的壓重換到另一邊了。❶

譯註：

❶這段極可能是斯瓦米韋達自述親身的經驗，他說過自己曾經因為想把報紙讀完而不覺察每天固定冥想的時間已到，結果立即遭到遠在異地的斯瓦米拉瑪打電話來訓斥。

IV.27 tac-cchidreṣu pratyayāntarāṇi saṁskārebhyaḥ

以衆心印故，彼間隙他覺。

經文拆解註釋

tat-：那個

chidreṣu：間隙，裂縫

pratyaya-：認知，覺知

antarāṇi：其他

saṁskārebhyaḥ：（由於）衆心印

全段白話解讀

在那樣心地的間隙中，

起了其他的念頭覺知，

是由於以往累積了諸多心印之緣故。

威亞薩說，即使在一個充滿了明辨智慧的心地中，仍然會有虛妄的「我」。什麼是虛妄的「我」？就是仍然會有「我的」、「我知道」、「我不知道」等念頭的那個「我」，這些念頭會在那個智慧的間隙處冒出來。這些就是「干擾」，就是「起心印」。

瑜伽士縱然到了第26經的地步，心地已經有明辨智慧，偏向於絕對的解脫，然而，當那樣的心地不是處於禪定時，也就是心地出現了破綻間隙，有了空檔，還是會起妄念。這是由於以往累積下來的心印還沒能夠完全被磨滅的緣故。它們還躲在心地中，找到空隙就冒出來，你還是會起疑念，例如：我目前的路線正確嗎？我真的懂了嗎？我在冥想中所經歷到的景象是眞的嗎？我有所得、我有所失，等等。就算你是出家人，你還是得起身去乞食。

有了明辨智慧，你才能分辨出什麼是本我，什麼不是本我。但是，縱然你能分辨出本我和心地，還不是終極的境地，因爲你還是會想到、覺知到你的「心地」，還是沒有放掉那個由質性組合而成的物。我們在學習第一篇「三摩地篇」的時候已經講過，即使到了三摩地，已經停止製造新的心印，舊的心印還沒有完全消失，還是會有「殘餘心印」（saṁskāra-śeṣa）存在。你還需要繼續去做「磨損」（tanu）❶、禪定的工夫，直到這些心印種子完全磨平燒焦爲止（譯按，請參閱第二篇第10、11經），那是下一句經接下來要講的主題。

譯註：

❶也許即是《道德經》中所謂的「為道日損，損之又損，以至於無為」。

IV.28 hānam eṣāṁ kleśavad-uktam

彼等之斷如煩惱已說。

經文拆解註釋

hānam：滅，斷除

eṣāṁ：它們（之）

kleśa-vat-：如同煩惱

uktam：已説

全段白話解讀

那些會岔進來的心印應該要斷除，

就如同該斷除煩惱一般，前面已經説過了。

這些干擾的心印是應該要防止和斷除的，但要怎麼斷？要像斷「煩惱」一樣，如同第二篇第10、11經所說的斷「煩惱」的方式去斷。那兩句經是怎麼說的？第10經說，要用逆向消融的方法將細微的煩惱斷除。第11經說，那些煩惱所生出來的心念，要用禪定的方法斷除。你記得威亞薩在解釋這些經句的時候說過，要不斷用禪定來淡化這些煩惱種子，直到它們像是被燒焦了爲止，這麼一來，即使把它栽種在肥沃的土壤中，無論再怎麼爲它施肥澆水，它也不會發芽。

我們的心印會生出心念來。當心印受到挑動，它的習氣會驅使你產生某種心念，然後那個心念又留下了新的心印，心印再產生心念，如此循環下去。煩惱可以被智慧之火燒焦，心印也可以用那個在三摩地中生起的智慧之火來燒灼，讓心印的種子燒焦而不再生出心念。這是什麼智慧？作爲《瑜伽經》的學生，你們該知道那就是「明辨慧」，知道「本我」和「原物」是分離的，知道我不是心地、我不是「細身」、我不是「因身」，我當然更不是「粗身」。你們需要不斷地增強這個智慧。

那麼這個智慧所留下的心印呢？這智慧能燒掉別的心印，但是它留下的心印會一直留在心地中，直到心地被完全拋棄，心地完全消融了爲止。這是什麼智慧的心印？它們是第一篇16經所說的「終極無執」（para-vairāgya）心印。無執（斷捨）分兩個層次，較低層次的是第一篇15經所說的「非終極無執」（apara-vairāgya）。終極無執的心印是此處所謂的智慧心印。譬如說，寫在黑板上的字可以用刷子把它們刷乾淨，但是我還會剩下一把刷子，沒有擺脫乾淨。要擺脫這把刷子，就要等到了獨存境地才做得到，那時連心地都斷捨了。

講到這裡，我提醒大家要注意到《瑜伽經》中彼此相關的經句，沒有那些經句，這些經句就像是處於眞空中。每次提到前面相關的經句，你一定要回頭去讀它們。只有了解了它們，你才能了解這裡的經句。

所以，我們首先要培養出明辨智慧之火。有的是用「智瑜伽」（jñāna yoga）的沉思默想法，來增強自己純淨的抉擇力；有的是用八肢瑜伽法，來燒灼自己前世所帶來的心印。如是漸增，明辨智慧的心印越來越強，克服了那些會引起岔進來妄念的心印，妄念的心印不再生起。這是第一階段。

第二階段就連這個明辨的心印也要捨，因為它畢竟仍然是一個心的作用，所以還需要再進一步培養出第三篇第9經所說的「滅心印」（nirodha saṁskāra），讓這個會分別本我和非本我的思議心念也停止。所以第三篇第10經接著說，心地之流因而完全寂靜（tasya praśānta-vāhitā saṁskārāt），就能一直處於禪定境地中。

因此，我們先用明辨智慧的心印來止息世俗的心印，然後將一切心念歸於寂滅，來止息這個明辨的心印。到此，哲人就不再是哲學家。眞正的哲人是能放下哲學之人，那他才能超越哲學，不再做哲學的思辨，才能養成滅心印，使得別的心印都不再生起。但是，這還是一種有爲的作法，還是屬於有意識地在止息明辨的思議心。最後要到了非智三摩地，心地都消融了，所以連這個作爲都停了，都不需要了，此時三摩地就成了此人的常態，自然而然的狀態。

獨存・法雲三摩地

第29～33經

IV.29 prasaṁkhyāne’py akusīdasya sarvathā viveka-khyāter dharma-meghaḥ samādhiḥ

於正智亦無所執著者，由根本明辨慧故，得法雲三摩地。

經文拆解註釋

prasaṁkhyāne：（於）正知、智慧、開悟

api：即使

akusīdasya：無興趣者，無執著者

sarvathā：根本，全面，一切狀態

viveka-：分辨

khyāteḥ：洞見

dharma-：法，德

meghaḥ：雲

samādhiḥ：三摩地

全段白話解讀

連開悟正智都無所執著，

此人將由根本明辨正見得法雲三摩地。

這裡說，當你已經有了明辨智慧，生起了極高的「遍知正智」（prasaṁkhyāna）的境地（譯按，請參考第三篇第53、54經所描述的智慧），即使如此，仍然要做個「不執著的人」（a-kusīdasya）。

「kusīda」是關鍵字，它的意思是「重利者」，放款以收取利息，尤其是高利貸，「a-kusīda」就是否定，不再是個重利者。我們都是重利的人，我們都希望投資有回報。我們每做什麼事都想取得報償，要有所得。我們讀經文求知識、打坐求心的平靜、修行求安樂等等，不論是世俗之利還是非世俗之利，都是重利。

如果不再重利，到了連明辨智慧所帶來的圓滿正智，都無所求。他不只是不求利，連本都捨了，毫不在乎。那才是到了根本、完全、隨時（sarvathā）的明辨慧（viveka-khyāti）。

由這個明辨慧，他所進入的三摩地稱爲「法雲」（dharma-megha）三摩地。這裡的「雲」（megha）是「雨雲」，你要見過印度雨季的雲，就會明白這個比喻，那個雨量滂沛，自然潑灑下來，無所不覆蓋而不停歇。

到了這個境地的人，在三摩地中，法德智慧就像雨雲一般，能降下法雨，填滿所有空洞，不再有間隙。❶他心印的種子都已經燒焦，不會再發芽，所以他能得「非智三摩地」，入「獨存」境地。

希望你們都聽懂了，不要再去求利、求回報。希望你們能親自體驗到上面幾句經所講的情況。我曾經是，坐在地鐵中，連聽見旁邊有人提到「神」這個字，都會掉淚。直到我遇見了上師，他帶我走過。我經歷過這些，知道是有的。

Hari Om

譯註：

❶大乘佛教有菩薩十地之說，法雲地是菩薩的第十地，諸佛都會來灌頂，所以叫灌頂位，再下一步是成佛位。

IV.30 tataḥ kleśa-karma-nivṛttiḥ

於是煩惱業行停止。

經文拆解註釋

tataḥ：於是

kleśa-：煩惱

karma-：業

nivṛttiḥ：停止，關閉

全段白話解讀

於是，得法雲地之人的煩惱和業行均停止。

這一句經接著前一句經，「於是、因此」（tataḥ）到了法雲三摩地，所有的「煩惱」（kleśa）都被斷了根（或者說被燒盡），都「關上了」（nivṛtti）。什麼是「煩惱」？就是第二篇第3經所定義的：無明、有我、愛戀、厭憎、死懼。當所有的煩惱根都被斬斷，瑜伽士就不再造「業」（karma）。我們在本篇第7經讀過，瑜伽士的業行既非白業，也非黑業，而其他人的業行大多屬於黑白混合。所以瑜伽士不再有善業、惡業。這裡的「業」是「業庫」（karmāśaya）。業庫在哪裡？你能否打開盒子給我看看你有些什麼業？業是儲藏在我們的「細微身」（sūkṣma-śarīra）。

威亞薩說，瑜伽士到此得到解脫，不再入輪迴。爲什麼？因爲「顚倒」（viparyaya）是投胎轉世的起因。大家是否還記得第一篇第5經所說的五種心念：證量、顚倒、妄想（夢想）、睡眠、記憶？「顚倒」的定義在第8經：「非依本質所立的錯誤認知是顚倒。」與對象事物的本質有所違背的錯誤認知，可以用事實（證量得來的認知）來推翻。第一篇所講的「顚倒」就是第二篇所謂的「無明」，是所有煩惱的起因。所以，我在講「顚倒」的時候曾經說過，顚倒就是煩惱。第一篇中的顚倒又可分爲六十二類，你們該回頭去讀，此處就不重複了。

對宇宙、原物、心地、本我本質的錯誤觀念，都是顚倒，我們都處於這種顚倒中。這種顚倒繼續下去，那就是因，它的果就是我們會「有」（bhava），會存在。「bhava」通常被翻譯爲「存有」、「在」，但並不必然是存在的意思。這個字通常是和「海」連起來，成爲「bhava-sāgara」（生死海），那個不停變易中的大海，我們在裡面載浮載沉。

能完全將顛倒給關上了的人就不再入輪迴，不會再投胎轉世。這樣的人雖然還活在這個身體中，但他就在此生得到解脫。我以前提過有本經典叫做《即生解脫辨》，就是在講這種解脫之人。他們已經不會再造新業，以前所造的業也已經被清除乾淨，只剩下今生已經啓動的業還需要讓它們繼續下去，如同一盞油燈要繼續燃燒下去，直到所有燈油燃盡爲止。

IV.31 tadā sarvāvaraṇa-malāpetasya jñānasyānantyāj jñeyam alpam

到此，一切不淨之蓋已除，以知識無際故，餘知者無幾。

經文拆解註釋

tadā ：因此，到此

sarva-：所有，一切

avaraṇa-：遮蔽物，蓋

mala-：污穢，不淨

apetasya：移除（之）

jñānasya-：知識（之）

ānantyāt：（由於）無限，無邊際

jñeyam-：所該知，餘下未知者

alpam：無幾，微不足道

全段白話解讀

到此，因爲法雲三摩地成就，
所有污穢之遮蓋都已經被移除，
由於知識變得無窮盡之緣故，
幾乎沒有什麼不知。

「avaraṇa」是遮蔽物、遮蓋，它們把心地中的純淨悅性的質性給蓋住了。這些遮蔽物是什麼呢？就是「污穢」（mala），也就是煩惱和業行。當這些煩惱和業行「被移除」（apeta），他的「知識」（jñāna）就變得「無邊無際」（ānantya）。心量本來就是無邊的，但是你和我的心量此時還是被惰性和動性所遮蔽，也就是被煩惱和業行所蓋住了，被我們的感官、身體所限制及束縛。一旦到了法雲三摩地，進入完全的寂靜，這些遮蓋了心量的污穢都會消失，我們的知識就變得無窮。那時，如果還剩下什麼「該知道的」（jñeya），都不過是「無關緊要之類」（alpa），就像一隻螢火蟲之於整個天空一樣微不足道。這個過程的解釋，是在第二篇第27經「七重智慧」的展現，你一定、一定要仔細研讀。

目前，我們的無知部分有如整個天空一樣大，所知部分卻如同一隻螢火蟲般地微小。但是，當法雲三摩地到來，整個比例就會顛倒過來。那時，我們已知的所有文學、科學、哲學、藝術，跟那個無窮的知識比起來，一切一切都變得微不足道。所以這是對本經的另一種解讀法，意思是說，未知部分變得極小，此外，我們以前所知的部分在相比下變得微不足道。

威亞薩在註釋《瑜伽經》的時候，不時會引用一些古籍的段落，其中有些出處是我們已知的，有些則不知出處。印度幾千年來不知有多少古籍已經滅失或者遭到蓄意焚毀及破壞，目前已經出版的古籍比起沒有出版過的古籍，大概只占了百分之一。我們這些年來一直在盡力收集那些沒有出版過的瑜伽古籍，將它們編輯整理，希望能出版保存下來。但這可不是件簡單的工作，需要具有特殊學術訓練的人才做得來，可惜我們的資源實在有限，無法做到我想要做到的程度。這是題外話。

威亞薩在註釋這一句經的時候，引用了古籍中非常耐人尋味的一段話，但是沒提到出自何典。這句話是：

> 盲人為珠寶鑽孔；無指者將它穿繩；
> 無頸之人掛戴它；無舌之人讚美它。
> andho maṇim avidhyat tam an-aṅgulir āvayat
> a-grīvas taṁ praty-amuñcat tam a-jihvo'bhy-apūjayat

這段話乍讀之下似乎根本不通。古今所有《瑜伽經》的註釋版本，對這段話不是語焉不詳就是略過不提。其實這一段話在無上密法「室利毗諦亞」（Śrī Vidyā ）的文獻中也被引用，這表示《瑜伽經》和「室利毗諦亞」密法是有關聯的。有一位名爲拉克師米達拉（Lakṣmīdhara）的大師在註釋密法要典《麗波頌》（*Saundarya-laharī*）第32頌時，引用了這段話，並且寫下了非常詳盡的註解。我在印度古籍中找到了威亞薩引用這段話的幾個可能出處，在我的那本《瑜伽經釋論第二輯》的附錄七，第804 ～ 807頁，交代了它們的出處，也比較了幾種版本的異同，並且引用了幾位大師對這一段話的註解。

爲了提高大家的學習興趣，我引用一段大師薩亞納（Sāyaṇa）對這段話的解讀：

> 世上之人一般是用他的眼睛去看珠寶，用他的手指去取它，將它戴在脖子上，然後用舌去讚美它。阿特曼（ātman）乃覺性之形，具有不可思議之力，能為一切作為而無需眼、指、頸、舌。

他說阿特曼沒有眼、指、頸、舌，仍然可以有一切作為。這是一種解讀。光就這個題目，我可以講上好久，還有其他好幾種解讀，我們在此就不再多說，你們可以去讀那個附錄七的全文（譯按，已經收錄在本書的〈附錄1：《瑜伽經》是否屬於口授傳承？〉之中）。

IV.32 tataḥ kṛtārthānāṁ pariṇāma-krama-samāptir-guṇānām

於是，質性之目的已達，依序轉化結束。

經文拆解註釋

tataḥ：於是

kṛta-：已達

arthānāṁ：目的（之）

pariṇāma-：轉化

krama-：順序，次序

samāptiḥ：結束，完成

（另外一個版本作 pari-samāptiḥ）

guṇānām：質性（之）

全段白話解讀

法雲三摩地成就，

於是質性之使命已完成，

它們就停止繼續依序轉化。

當法雲三摩地生起，如日中天，所有性質的智慧開始如雨一般淋灑下來，「於是」（tataḥ），「質性」（guṇa）所組合而成的物，它們的「次序」（krama）「轉化」（pariṇāma）就此「結束」（samāptiḥ），因爲它們的「使命已經完成」（kṛtārtha）。

你們坐在大廳中的地毯上聽講，此刻這張地毯和四十分鐘前你們剛坐下來的那張地毯是否同一張？你們是否仍然坐在同一張地毯上？不是的，因爲它已經變了。它隨時都在變易中，只不過在這麼短的時間內，你不容易察覺到它的變化。可是二十年以後，你會認不出它是同一張地毯。

所有由質性組合而成的東西，都是不停地在變易轉化中，這是由於質性中的「動性」在作用。同樣地，你此刻的心地和早上醒來時的心地也已經不同了，你的心地在這段時間內有過多少變化？我們的身體、身上的衣物，每一剎那都在改變中。

我們說過（第二篇第18經），所有質性組合而成的東西，包括你的心地在內，它們的目的是在爲本我這位主人服務，然而你們卻反過來，處處在爲它們服務。質性成了主人，而主人不知去向。

質性所提供的功用在兩個方面：

1. 「報」（bhoga），報驗，就是所有苦、樂、不苦不樂的感受經驗，都是由於以前的業行而來的果報。不過，你們對於什麼是苦和什麼是樂的定義都還無法明確，今天的樂可能到了明天反而成了苦。不論苦或樂，都是由質性所組成的身心去體驗。

2. 「脫」（apavarga），脫離，如果你懂得如何正確用到質性，例如將身體用作開悟的工具，那麼質性就成了提供你得到解脫的工具。當質性的目的、使命完成，對主人而言它們就消失了。

要注意，質性的消失只是對於那位得到了解脫的主人而言，對於其他還未得到解脫的主人，它們仍然繼續存在，繼續在不停地轉化變易（第二篇第22經）。

因此，第30、31、32經是在告訴我們，當成就了法雲三摩地，它的「果」是，（1）終止煩惱和業行（第30經）；（2）顯現最高無盡知識智慧（第31經）；（3）質性以及它們所組合的物之影響力結束（第32經）。這裡的質性不只是悅性、動性、惰性而已，是包括了一切由原物衍生出來的東西，也就是除了本我之外的一切事物。

什麼是「序」的解釋在下一句經。

IV.33 kṣaṇa-pratiyogī pariṇāmāparānta-nirgrāhyaḥ kramaḥ

剎那所對應，於轉化終局始察覺者爲序。

經文拆解註釋

kṣaṇa-：剎那

pratiyogī：對應，屬於

pariṇāma-：轉化

aparānta-：終局，最後

nirgrāhyaḥ：可掌握，可察覺

kramaḥ：順序

全段白話解讀

序，是和每一個剎那所對應，

在轉化結束時才能察覺到。

「krama 」（序）這個字在《瑜伽經》出現過幾次。第三篇第54經的「a-krama」（無序），是說那個解脫智慧是無序的。前面第32經說「pariṇāma-krama-samāptiḥ」，停止了依序轉化。這一句經是在解釋什麼是「序」：它是每一個「刹那」（kṣaṇa）所「對應」（pratiyogī）「轉化」（pariṇāma）發生之次第。威亞薩說，序的本質是不停息的刹那之流，只有當我們能注意到轉變發生時，才能覺察到序。

譯者按，斯瓦米哈瑞哈若難達解釋「序和刹那所對應」的意思是：

序屬於刹那，它只存在於一序列的刹那中，一序列刹那就是刹那眞實的連續狀態。這種序列在改變終止時可以察覺。事物特質（法相）轉化之流是沒有啓始的。修行瑜伽到了布提止息的境地時，它（布提）的轉化也就止息，但是，動性這個質性並沒有停息。（本我的旁觀是產生布提之因）當產生之因止息，布提等等就不再以原來的形態存在了。

由於序是刹那性的，只能在察覺粗大變易時推知有序的存在，凡人無法直接察覺它。不過，開悟了的瑜伽士可以直接體認到序。所謂時間的刹那序列是不存在的，因爲時間只是一個抽象概念，也沒有複數可言。刹那之所以可以分爲前、後，是基於某一個實體的特質所出現的變化。因此，序是和轉化變易有關，而不是和時間的剎那有關。序列的剎那意味著有持續一個剎那的變易，那是此變易最細微的形態。

我們在讀第三篇的時候說過，印度古典哲學理論對「剎那」的定義是：最細微的粒子之振盪一次所需要的時間，也就是粒子在它自己所占的空間內來回移動一次所需要的時間。那是比我們今天所謂的「微秒」還要短暫得多的時間單位。所有的事物在每一剎那間都在變化。你看自己二十年前、四十年前的照片，面容都不同，你的臉孔每一個剎那都在變化中，可是你是在哪一個早上醒來時發現自己換了一張新的臉孔？所以佛陀說「諸行無常」，沒有任何東西是不變的，瑜伽也這麼說。

雖然我們察覺不到這個變動，但萬物每一剎那確實都在變動中。我們之所以能夠察覺到變化，是因爲看到了後來的結果。你看著自己二十年前的照片，對照目前在鏡子中的臉孔，「啊，我的臉不同了！」你看見了後來的結果，推斷出變化的存在。威亞薩舉了一個例子，他說，一件新的衣服，只有在經過一序列的剎那，讓衣服有了轉化變易，才會變舊。這就是第33經要告訴我們的，我們無法看見這一剎那到下一剎那間所發生的細微轉變，只有從「轉化終局」（pariṇāma-aparānta）才可以「覺察」（nirgrāhya）到、可以抓得住「序」（krama）。順便一提，這也適用於我們在第三篇第13至15經所說的全部三種轉化：轉法相、轉時相、轉位相（dharma-lakṣaṇa-avasthā-pariṇāma）。

威亞薩又說，這個變化的序，即使在永恆的本體中也是有的，也是可以察覺的。問題來了，數論哲學主張質性是永恆的，本我也是永恆的，又說一切都在變動中，那麼究竟有沒有「永恆性」（nityatā）？威亞薩說，有的。永恆分兩種：「絕對永恆性」（kūṭastha-nityatā），以及「變易永恆性」（pariṇāmi-nityatā）。前者是指本我。後者則是印度幾千年前就有的概念：物不滅。那就是現代所謂的質能不滅（質量守恆）定律。

地毯不停地在改變，總是在變成別的東西，但構成它的原子能量不會滅失。例如你的身體，死亡後火化或掩埋，組合成身體的原子散開，變成別的東西。即使大如宇宙，也會有成住滅的循環劫數，有過不可勝數的宇宙形成了又毀滅了，是無盡的循環。然而，古往今來有過多少人預言世界毀滅？有誰準過？這個宇宙該毀滅時就會毀滅，有它自己的進度，不會依哪個人預言的時間而發生。宇宙該毀滅就會毀滅，但是毀滅不是變成沒有，因爲構成宇宙的原子能量還是存在，會以另一個形態出現，成爲另一個宇宙。這個就稱爲「變易永恆」，不斷在變易中的連續存在。

什麼是「永恆」？它的定義是，縱然外形和功能會起變化，但是本質不會變的那個眞實叫做永恆。所以這張地毯是永恆的嗎？做爲地毯，它不是永恆的。可是構成地毯的本質的那個眞實、那個能量不會滅失，是永恆的。

威亞薩又說，已經開悟了的人，安住於自己那永恆不易的本我自性，我們還是會認爲是種序，認爲他們的序也不會停止。但是，這種序只是一種語意學上的時間觀念，例如「他們曾經、他們現在、他們將要」等等語法，只是我們用來表達自己以爲有的變化。

那麼，這個展現出形成和毀滅的循環，由質性組合而成的宇宙世界，它那個轉化變易的序是否會結束？❶威亞薩說，這是屬於一種無法回答的問題。他接著分析，任何問題的回應是可以分爲三種類型：「無法回應」（a-vacanīya）、「單一回應」（ekānta-vacanīya）、「可分回應」（vibhajya-vacanīya）。例如問，「你用過晚餐了嗎？」這個回應就是直接而單一的「是」或「否」。但是，如果你沒有吃晚飯，別人問：「你今天晚餐吃的是全麥麵包嗎？」這就是無法回應的類型，因爲回答是與否都不成立。

威亞薩說，若有人問：「所有已經出生的人都會死亡嗎？」這個回應也是直接了當的單一的「是」。若再問：「那些已經死去的人有來生嗎？」回應就會是可分的，是需要分開來回應：「已經得解脫者就不會再生，其餘之人就會再生。」或者問：「人類是比較好的生靈嗎？」回應也是可分的：「是的，比起次於人類的生靈，人類比較好，但是比起天人來，人類不是比較好的。」這分開來的兩個部分是彼此不相干的，需要經過分析之後才能回應。

譯註：

❶威亞薩此處關於問題和回應的方式，似乎和佛典記載佛陀不予回答的一些形而上的詰難（所謂的「十四難」）頗為相似。

獨存・終極解脫

第34經

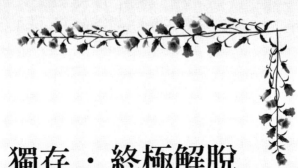

IV.34 puruṣārtha-śūnyānāṁ guṇānāṁ prati-prasavaḥ kaivalyaṁ svarūpa-pratiṣṭhā vā citi-śaktir iti

已盡本我使命，質性回溯原形，乃獨存，且覺性力立於自性中，即此。

經文拆解註釋

puruṣa-：本我

artha-：目的，使命

śūnyānāṁ：空無

guṇānāṁ：質性（之）

prati-prasavaḥ：回溯原狀

kaivalyaṁ：獨存

svarūpa-：自性

pratiṣṭhā：建立

vā：或，於是

citi-śaktiḥ：覺性之力

iti：即此

全段白話解讀

在盡完對本我的任務使命之後，
質性回溯融於它們的源頭，於是，
覺性之力安住於自性中，這就是獨存，即此。

我們現在到了第四篇的最後一句經，也是整部《瑜伽經》的最後一句經。這句經是屬於典型的「主題經句」（uddeśa sūtra），是點出全文的主旨或目的的經句。研讀《瑜伽經》這種「經」（sūtra）的文體時，需要懂得經文的體例規則，這是一套非常細密的學問，連這套規則也是以「經」的文體寫出來的，我稱之爲「經上經」。可惜當今翻譯經文的人，幾乎沒有人知道這些規則了。僅僅懂得文字的意義，不懂得經文的規則，是不可能眞正理解經文的。我說得嚴重一點，不懂經文體例規則之人，就不夠資格爲《瑜伽經》著書立說。

本句經最後一個字是「iti」，它本身沒有什麼特別的意思，但是當它出現在一段文字的最後，是加強語氣表示「到此結束」，「這就是了」。《瑜伽經》全經開始的第一個字是「atha」（現在），最後一個字是「iti」（到此），「由 atha 到 iti」是梵文非常典型的說法，表示完整貫穿，從頭到尾。而「sūtra」（經）的意思就是繩索，貫穿《瑜伽經》的主題就體現在這一句經中。

在這一句經中，它用兩個方式來交代「獨存」（kaivalya）。原物（prakṛti）和「本我」（puruṣa）在獨存時各自會如何。

首先講原物的部分。你們還記得「prasava」（順向開顯）和「prati-prasava」（逆向消融）這兩個字嗎？在數論哲學裡，這是兩個重要的觀念。前者表示心物的創造，是一個順的開顯過程，從因開展成果。後者表示心物的消融，是一個逆的回溯過程，從果回溯到因。順向開顯的是從原物衍生出布提，布提到我執，我執到五唯，等等到最後的五大，一共有二十三諦。逆向的回溯則是由五大一路消融回到各自的源頭，最後到原物。這個回溯的過程就叫做「prati-prasava」，這有兩個層次。一種是外在對象的消融，不停地由果融回到因、由果融回到因、由果融回到因。另一種則是我們對自己心識認同的回溯消融，目前我們認爲自己是身體，認同那個肉身層。下一步是將肉身層融入氣身層，認爲自己是氣。再下一步我們認爲自己是心念、然後認爲自己是我執、認爲自己是布提，有的人甚至到了認爲自己是原物。

最後把這一切自我的認同都放掉，完成了這個回溯到源頭的過程，就來到「覺性力」（citi-śakti），也就是講到本我了。這是非常特別的用字，《瑜伽經》中對於「本來的我」這個概念，有時候會用陽性的名詞，有時候又用陰性名詞。「puruṣa」（本我）是陽性，「citi-śakti」（覺性力）和「dṛśi-śakti」（見力）則是陰性名詞。這是因爲「ātman」（阿特曼）既非陽性也非陰性，所以你自然可以用陽性或陰性名詞來稱呼它。對這個題目有興趣的人請參閱我那本《瑜伽經釋論第一輯》，其中有詳細的說明。

這句經用「覺性力」來稱呼本我。當原物都消融了，回溯到最終的源頭時，那覺性力就「立於自性中」（svarūpa-pratiṣṭhā）。這是和第一篇第3經「於是，見者安住於自性（本性）」（tadā draṣṭuḥ svarūpe'vasthānam）同樣的意思，這二句經首尾相連，相互呼應，你們要能夠這樣去研讀、去理解《瑜伽經》，才能讀通。

因此，這一句經告訴你，只是到所有的質性都消融了，還不算眞的解脫，要到了覺性之力獨存，而且此後不再和布提質性有任何相干，才算。否則，縱然世界消沉，本我獨處，但是等到下一個劫開始，還有可能會再入輪迴。要直到本我不再將它的覺性之力投射到布提上，不再產生循環，那才是解脫，否則就只到「消融」（pralaya）的境地而已。

「立於自性」就是說這個覺性力、這個本我，不再和布提、質性或是原物有任何相干，那就稱爲「獨存」（kaivalya），只有單一，享受孤寂。「iti」（到此爲止）。

謝謝大家。

嗡 彼乃眞、有，願以此供養梵

om tat sat brahmārpaṇam astu

附錄

【附錄1】《瑜伽經》是否屬於口授傳承？

【附錄2】《瑜伽經》的研究題目

【附錄3】《瑜伽經》概要

《瑜伽經》是否屬於口授傳承？

（斯瓦米韋達《瑜伽經釋論第二輯》附論七，原文大意摘譯。）

瑜伽的體系大致可以分爲三個方面。

一、理論面（siddhānta）

見諸各個傳承的典籍；這不限於《瑜伽經》而是擴及到許多不同的文獻，例如吠陀、奧義書、密法、哈達瑜伽（理論部分）。這些相關的文獻無疑都是由具有實證經驗的大師們所寫作的。

二、串習和實修面（abhyāsa and prayoga）

我們多次提醒，這一定要跟專家學習，而專家自己必須曾經是另一位專家的弟子。如此才能延續傳承的教導。這不只限於外肢瑜伽中的體位法、調息法等（譯按，指《瑜伽經》第二篇第29至55經），內肢瑜伽的專注、禪定、三摩地（譯按，指《瑜伽經》第三篇第1至3經）更是如此。

三、啓引傳承面（dīkṣā-paramparā）

瑜伽的核心在於啓引的傳承，所有的經驗、實修、理論都是由此而來。這不可以跟一些啓引的儀式相混淆。瑜伽的啓引在於授予某種證驗，而這要根據受啓引者的程度爲之。由於所有受啓引者的程度都不同，其中有數以千計的不同層次，但是大致分爲二類：

1. 上師在講述某種理論時，給弟子加持，讓弟子實際體驗一下那種境地。譬如說，在講述瑜伽睡眠法時，用上師之法力加持，讓弟子實際體驗怎樣是瑜伽睡眠的境地，如此才是眞正的教學。這就好比經文說，「水是H_2O」，就在實驗室中用正確的過程，實地示範將水分子分解爲兩個氫原子和一個氧原子，來證實經文的正確性。在瑜伽，如果沒有實證的體驗，幾百年後對於經文就會有上千種錯誤的解讀。上師使用這個實證手法可以達到兩個目的：

   (1)打開心識內的暗門，讓修行人得以進入內心以及細微身中的密室，那是他以前不得其門而入之處。

   (2)讓修行人去到他目前程度所能到達的最高境地。然後當他自行練習的時候，就以那個最高境地爲目標。要經過長時間的串習，才能在自行練習的時候去到在上師加持下給他體驗過的那個境地。

2. 第二類包括了種種不同層次的法力灌頂啓引（śakti-pāta dīkṣa），可能有數以千計之多的層次。小從最輕微的法力加持（以弟子心識能力能承受得住，不會受到燒灼的範圍爲限），大到完全喚醒昆達里尼能量（例如《薄伽梵歌》中，奎師那給弟子阿朱那展現宇宙大身）。經過這種啓引，弟子接受了傳承的一滴精髓而獲新生，成爲傳承的心靈兒女（mānasa-putra），因而能連結了傳承所有的上師，一直連到終極上師金胎藏（Hiraṇya-garbha）。

瑜伽需要實修

瑜伽是一門需要實修的學問。所有瑜伽的典籍，包括《瑜伽經》在內，可以比喻成是教授在實驗室中留下來的筆記，如果不照著去練的話，就沒有意義。如果自己沒有照著去練，實際體驗裡面所說的東西，就沒有立場爲這些典籍寫註釋。我們前面提過，《瑜伽經》內不論是外肢法或是內肢法，要講實修的話就要跟著師徒相傳的傳承去學習。以喜馬拉雅瑜伽爲例，本文作者的瑜伽啓引上師斯瓦米拉瑪，在他修行洞穴的牆壁上記載了過去七個世紀以來在此修行過的大師的名稱，也記載了在七個世紀以前這個傳承又是從哪個地方移植來此。

外肢法和內肢法必須要跟著合乎資格的教師從事實修之後，才能夠如實理解經文的意義。除此之外，《瑜伽經》中講理論的部分也都是基於實際內證經驗而來，後人又必須用實證來檢驗理論的正確性。《瑜伽經》的一字一句都必須用這個方法去理解，這就是當時喜馬拉雅瑜伽傳承在岩洞中教導和學習《瑜伽經》的方法。理論必須要親自去實驗，經過檢驗才能確認爲眞。

眾多的《瑜伽經》註釋版本似乎都沒有依照這個精神，其中的例外是威亞薩所寫的《釋論》，我們甚至可以說威亞薩的《釋論》已經超越了釋論，他和《瑜伽經》的作者帕坦迦利兩人可以齊名並列，共同形成一個瑜伽體系，可惜很多現代的學者不願意承認威亞薩的地位。

關於本文的主題，我們有幾點附加說明：

1. 有很多在別的瑜伽體系（例如哈達瑜伽）中所使用的名詞，在《瑜伽經》的內肢法中，意義就不相同。以「調息法」（prāṇāyāma）為例，通常被理解成是一種呼吸的控制法。可是當我們進入更深層的內肢法門時，這個名詞中「控制」（yāma）的意涵就變成了「擴充」（ayāma），所以「調息法」就是要擴張「氣身層」（prāṇamaya koṣa），是一種完全不同的功法，即使有些非常出名的哈達瑜伽師父都不明白這一點。

2. 在深入內肢法，走入「禪定瑜伽」之途時，要避免哈達瑜伽師父所做的某些功法。例如，哈達瑜伽師父注重屏息住氣法（kumbhaka），一開始就會指導學生去練。但是，禪定瑜伽師父就不會允許學生去練，當學生的「安般守意」（prāṇāpāna-smṛti，觀息法門）工夫到了家，自然會出現所謂的「獨發住氣」（kevala-kumbhaka），那是在深沉的禪定境界中毫不費力就自然發生的現象。

3. 很多名詞字語在這個章節是一個意思，到了下一個章節的意思就有所不同。例如，斯瓦特馬拉瑪（Svātmārāma）大師所著的《哈達瑜伽燈論》（*Haṭha-yoga-pradīpīkā*）中，明確地提到，哈達瑜伽的意義就是在實踐王道瑜伽（rāja-yoga）：

稽首禮讚哈達瑜伽之學的傳授者，吉祥阿底那塔。
對意欲登上王道瑜伽峰頂之人，它猶如一座階梯。
……教授哈達瑜伽唯一的目的，在於王道瑜伽。

srī-ādi-nāthāya namo'stu tasmai
yenopa-diṣṭā hāṭha-yoga-vidyā
vi-roḍhum icchor adhi-rohiṇīva.
…kevalaṁ raja-yogāya haṭha-vidyopa-diśyate

可是大多數翻譯哈達瑜伽或是習練哈達瑜伽的人，都忽略了要由王道瑜伽的角度來讀這部經典。有些出現在這部經典前面章節中的字詞，是該用哈達瑜伽的角度去理解，可是到了後面的章節中，同樣的字詞只有用內肢法的角度去讀，才能如實理解。例如，在哈達瑜伽中的「克恰力舌印」（khecarī）這個字詞，在密法中的理解就完全不同。有些完全在身體上做工夫的人，爲了練成這個舌印，會把舌頭下面的那條韌帶切斷，因爲他們大概只讀到《哈達瑜伽燈論》第三章第32至41段，而沒有留意到在第四章第43段以下，這個字詞是和密法在講昆達里尼時的用法和意義是一致的。

4. 有很多在外肢法所使用字詞的意義，到了內肢法就變了。我們在前面提到，「調息法」會由呼吸控制法的意思變成擴充「氣能量」（prāṇa），所以調息法就和內攝法以及專注法融合在一起。但是我們要重複提醒，如果沒有經過親口傳授、啓引加持，協助在氣身層去驗證的話，單從經文的文字上是不可能體會得出來。它們的效果要在內息中顯現。

5. 很多字詞在口授傳承中的意義和字面意義不同。例如，在哈達瑜伽中「視鼻端」（nāsāgra-dṛṣṭi）是一種「凝視法」（trāṭaka），這裡「nāsāgra」是鼻端、鼻尖的意思。在口授傳承，這個「鼻端」（nāsāgra）指的是人中頂點，上唇和鼻樑交接的位置，在此體驗「中脈」（suṣumnā）之流。做這個功法時，不是要在左鼻孔或右鼻孔中覺知呼吸之流，也不是在細微的「左脈」（iḍa）或「右脈」（piṅgalā）中覺知。而是要利用呼吸做爲一個專注的載具，去體會「氣能量」在左脈和右脈之間的流動，它會在我們所稱的「鼻端」之處帶來一種微妙的感覺。這裡所謂「dṛṣṭi 」也不是如凝視法要用眼睛去看，而是在心中去觀那個流動，以及它所帶來的微妙感覺。

6. 不同的派別，例如哈達瑜伽和禪定瑜伽，所使用的專門術語固然會有不同的意涵，以及不同的修練法。但是，反過來說，不同的禪定派別卻有許多共同之處。中國的禪宗列有一千七百條所謂的「公案」，都是一些祖師留下來的矛盾話語或事蹟，讓人去參的。其中一條和吠檀多哲派要人去反思的第一句話 「ko'ham 」（我是誰？）完全一樣。

呼吸調息的實修工夫

我們再舉幾個《瑜伽經》的例子，來說明口授傳承和一般理論註解的不同。而我們由註解中可以看出作註解的人是否得自實修的體驗。

所有佛教的傳承，從北傳的西藏到中國到日本，到南傳的泰國等地，禪定的入門基本工夫都是呼吸的覺知，感覺呼吸的緩慢、無間斷、均勻的流動，在巴利文稱爲「安般住」（āṇāpāna-sati，觀出入息、觀入出息、意守安般、念呼吸、念息法門），梵文是「prāṇāpāna-smṛti」。

威亞薩在解釋《瑜伽經》第一篇第20 經中的「念」（smṛti）這個字時，他說就是「念住」（smṛty-upa-sthāna），就是巴利文的「sati-paṭṭhāna」。這兩個看來完全不同的派別（瑜伽和佛教），在修行的法門上有「共法」，相似的法門，這是一個例證。

很多哈達瑜伽的習者以及教師，也許因爲個人榮譽感作祟的關係，會去比較誰的屏息時間長，而不明白所有喜馬拉雅瑜伽大師所教導的正常禪定方式，都是去覺知那股連續不中斷的呼吸之流，而不是在屏息住氣。在密法中有一個同樣的入定方式，就是在心中默誦一個咒語，例如在《聖母世尊往世書》（*Devī-bhāgavata-purāṇa*, VII.35.45）中說：

持誦聖母的心咒「赫靈」（hreem）方法是，
維持出息和入息均勻流動於鼻中（並覺知其流動）
prāṇāpānau samau kṛtvā nāsābhyantara-cāriṇau

我們傳承不建議修練住氣法，因此，受啓引的人要等上很多年，讓自發住氣和獨發住氣自然發生。雖然「呼吸覺知」聽起來像是一種初學者的法門，但是它需要很多年的功法才能到家。其實它是修練昆達里尼瑜伽最重要、最基本的功法。它的準備工夫、實際的技法、更高深的變化以及如何應用，都需要跟從一位好老師才能學會。

口授傳承對《瑜伽經》第一篇第34經（或繫念呼氣與控制氣息。〔prachchhardana-vidhāraṇābhyāṁ vā prāṇasya〕）的解讀，就是要用上這個技法。現代的翻譯者，都將經文中的「pra-cchardana」和「vi-dhāraṇa」分別翻譯爲：「呼氣」和「住氣」。對於我很尊重的數論大師哈瑞哈若難達，爲他的釋論做英文翻譯的人也將之翻成「呼氣」和「住氣」，而他用梵文及孟加拉文寫的原著，分明提到了「vi-dhāraṇa」的意思是要「控制」氣能量。這些譯者都忘記了一條原則，就是「經無重複」，被稱爲「經」的典籍文字極其簡略，而不重複。帕坦迦利到第二篇第49經之後，才爲「調息法」（prāṇāyāma）的出息和入息下定義，否則他在第一篇第34經大可以寫成「prāṇāyāmad vā 」（或，藉助調息法）。威亞薩將「pra-cchardana」解釋爲「pra-yatna-viṣeṣā」，大多數譯者都解讀成是一種「特殊的盡力呼氣」，只有一位譯者（法恰斯巴提〔Vācaspati Miśra〕）展現出他對口授傳承的理解，他說：

> 「pra-yatna-viṣeṣā」在這門學問中的意思是，緩慢地將臟腑中的氣由鼻中呼出。「vi-dhāraṇa」是要試著將呼出去的氣維持在外，不要遽然吸進來。當呼吸之體因此而變得輕盈，心就能得定。

哈瑞哈若難達大師說：

> 「pra-cchardana」是「小心翼翼地」（pra-yatna-viṣeṣā）呼氣，所以心可以不受干擾，維持「專注」（dhāraṇa）於該「專注之處」（dhāraṇīye deśe）。
>
> 「vi-dhāraṇa」是依自己能力所及不去吸氣，小心翼翼地維持專注於該專注之處，避免生起任何念頭，心保持這個狀態，才吸氣。

雖然他的描述在呼氣之後有個住氣的過程，似乎比起口授傳承教初學者的念息法門更進一步，但是他一樣強調要注意呼氣。在實際修練時，學生首先要充分熟練兩點。（1）平順、緩慢的呼吸方式。（2）

身體全程保持放鬆，要覺知鼻中呼吸流動的情形，尤其在呼氣時更要如此。要做到「vi-dhāraṇa」，做到不失控，就是要注意不可以讓呼氣暴衝出來，感覺是平順緩慢地流動（失控的呼吸就是第一篇第31句經所提到的，伴隨障礙生起的其中一個干擾現象）。呼吸全程都應該要能做到這裡所提出的要點。只有當修行者能夠充分掌握到維持均勻的呼吸，而且能夠保持連續、不間斷的覺知，才會告訴他應該集中注意力於某一個特別的對象上。

經過很長的時間如此習練，當呼吸之體「變得輕盈」（laghū-kṛta-śarīrasya）了，不再是原本的粗重呼吸狀態，修行人可以開始學習不同的呼吸節奏。首先是一比二呼吸，也就是說，如果吸氣時數到六，呼氣時要數到十二。當這種呼吸方式成爲修行者常態的呼吸狀態之後，才可以逐漸加入種種不同的住氣。不幸的是，當今很多把《瑜伽經》翻譯爲印地語的譯者，明顯沒有機會坐在一位喜馬拉雅大師跟前學習經文，也沒有做過必要的習練。

啓引與實修

我們再看第一篇第37句經：

> vīta-rāga-viṣayaṁ vā cittam
> 或心地以無貪戀者為對象。

前面提到的很多譯者將這句經解讀成：（1）專注於那些已經完全無貪戀之聖人的心地；（2）想像他們的心地狀態是什麼光景，就專注於那個境地；（3）專注於將自己的心地變得無所貪戀。

哈瑞哈若難達大師透露出一些口授傳承啓引的信息，他主張的心地甚至要超越那些聖人，而是要以金胎藏爲專注對象。這是啓引傳承中最深奧的祕密所在。一定有人會問，我們沒有見過那些遠古的聖人，要怎麼把他們的心地當作專注的對象。我們還沒解脫的人能否想像出解脫之人的心地狀態？我們能專注於這種憑空想像出來的對象嗎？

只有在受過像是高深的「夏克提灌頂」（śakti-pāta）啓引，才有可能明白這句經的密意。受過這種啓引的人，其心地會敞開、擴充，接收能量的能力會突飛猛進。只有到了這個地步，他的心地才堪接受那些已經解脫了的心地降臨。受過這種啓引的人就能察覺到這個情形所帶來的微妙徵兆。我們在口授傳承的特殊啓引中所獲得的體驗，才能解釋這句經的眞義。

一旦無貪戀者的心地連結上了（或者說整合成爲）那個稱爲金胎藏的宇宙集體心，因而能在受啓引者的心中出現，受啓引者就能校正自己，接上無貪戀者，專注於自心中現身的無貪戀者。這是最深的奧祕。

我們再看第二篇第38經中的一個字：

brahma-carya-pratiṣṭāyāṁ vīrya-lābhaḥ
梵行落實，得能耐。

其中「vīrya」這個字常被現代的翻譯者解讀爲男子的精液，所以「梵行」（brahma-carya）就是男子要保存精液。如果這是經句原意的話，我們要怎麼解釋古代女性聖者的梵行？有哪個辭源說「vīrya」也包括女子的精液？另一個梵文字「retas」也常被翻譯爲男子精液，假如這成立的話「ūrdhva-retas」（練精化氣）這門功夫，女性就不能練嗎？

根據威亞薩的說法，「vīrya」 指的是「śakti-viśeṣa」（某種特別的能量），在喜馬拉雅口授傳承，這裡所指的是某種殊勝的能力，是能夠傳法的能力，特別是能夠不用言語直接傳遞知識的能力。這就是一種瑜伽啓引的能力，起先要獲得上師准許傳授咒語。而這個咒語的傳授，不只是在受啓引者耳邊輕聲說出咒語而已，而是要能將啓引者自己心念的一滴，就是「心咒」（cittaṁ mantraḥ），置入受啓引者的心地中。慢慢地，當啓引者自己修行有成就了，他就可以做更高層次的啓引，把最高的知識灌入弟子。

以上的境地非常高，我們來看第二篇第47經，這是初學者的經句：

pra-yatna-śaithilyānanta-sam-ā-pattibhyām
因鬆勁，融入無盡。

究竟什麼才是「pra-yatna-śaithily」？大多數註釋者的解讀是，做體式時不可太使勁。他們沒有能夠將經文的字語和做體式的實際過程連結起來。實修者都知道「系統性放鬆法」（śithilī-karaṇa），是用特殊的步驟、有系統地放鬆所有的肢體和器官，能讓哈達瑜伽慢慢地帶人進入細微身。系統性放鬆法是用心念爲之，可以放鬆肢體，爲體位法做好準備，也可以用於前面提到的第一篇第34經中的觀呼吸法。

威亞薩在解釋第四篇第31經時，引用了一段謎語似的話：

> 盲人為珠寶鑽孔；無指者將它穿繩；
> 無頸之人掛戴它；無舌之人讚美它。

其後大多數的註釋者對此做了種種解讀，可惜都是隔靴搔癢。根據筆者的口授傳承，這段話應該如此解讀：

修行人對於由知覺感官（知根）傳來的經驗，必須先成爲盲者，然後他才可以穿透「寶城脈輪」（maṇi-pūra-cakra，也就是臍輪），或者穿透密法「室利毗諦亞」中所謂的「寶島」（maṇi-dvīpa）。只有能將行爲感官（作根）靜止，因而成爲無手指者，才能將「中脈」那條細索，貫穿各個脈輪蓮花中心閃亮的珠寶。只有能夠越過「頸部脈輪」（vi-śuddha-cakra，喉輪）之人，才能佩戴著如是裝飾珠寶的「昆達里尼」（kuṇḍalinī），可以向解脫邁進，如同禱詞（譯按，戰勝死亡神咒）所說：「願我脫離死亡的束縛。」（bandhanān mṛtyor mukṣīya.）唯有成就深厚靜默工夫，因而成爲無舌之人，才堪爲「內祭拜」（antar-yāga）之大師。

有人會提出質疑，我們怎們能用昆達里尼瑜伽的方式來解讀八肢瑜伽的經句，這兩個體系之間有什麼關聯？

在口授的瑜伽傳承才會明確指出其中的關聯所在，而且這是要講實修工夫，不是學術理論。雖然昆達里尼的瑜伽大師阿毘那伐笈多（Abhinava-gupta）曾經說過不用理會八肢瑜伽，然而在他的著述中卻多處讚揚帕坦迦利爲上師（guru）。

所謂的昆達里尼其實有很多別的稱呼，《瑜伽經》中好幾處稱爲「夏克提」（力）的，例如「覺性力」、「見者力」、「見力」（I.2, 3; II.6, 20），都和昆達里尼極爲相似，乃至於相等。

在《瑜伽經》各篇中，講到許多「守竅」法門，和脈輪的修法極爲類似。而事實上，在口授的傳承中的確也是如此教學生的，這些經句爲：II.47（根底輪）、III.29（臍輪）、I.36（心輪）、III.31（心輪）、III.34（心輪）、III.30（喉輪）、III.32（頂輪）。

經文本身沒有明確指出所對應的脈輪，也沒有說明修練的方法。這都要在口授的傳承中學習，從書本上是學不來的。

《瑜伽經》的研究題目

2006年3月，斯瓦米韋達在印度的學院做過一次《瑜伽經》的講座，課程結束後，他隨口提出了一些題目，要參加學習的學生用來檢查自己對《瑜伽經》了解的程度，並且做進一步的研究。當然還有很多其他的題目，這份清單並沒有全部列出。

1. 印度主流的六派哲學系統，它們彼此之間的關係如何？在這個討論中，數論和瑜伽之間有何關係？

2. 在《瑜伽經》的經文中，什麼地方用到數論的詞彙，什麼地方借用了數論的的歸類系統？

3. 爲什麼《瑜伽經》和數論的歸類系統有時候會不同，它們眞的不同嗎？

4. 「創世」在數論瑜伽中是什麼？

5. 什麼是「消融」（pra-laya）？

6. 「順向開顯」（prasava）和「逆向消融」（prati-prasava）這兩個名詞的意義爲何？

7. 斯瓦米韋達爲什麼不再用「進化」（evolute），而是用「退化」

（devolute）來解釋數論的歸類？

8. 爲什麼不同的翻譯者所翻譯出來的《瑜伽經》會如此不同？

9. 誰的翻譯版本正確？

10.「經」（sūtra）和「咒」（mantra）有何類似及不同的地方？

11.什麼是研讀經文的方法論？

12.我們在哪裡可以找到這方法論的規則？

13.根據那個方法學，經句是如何分段，再分段的？

14.我們該如何分析經句中的文字來理解它們的意義？

15.根據動詞字根規則，字可以分爲哪三種？（提示：yaugika, rudhi, yoga-rudhi）

16.《瑜伽經》所教導的是否爲某一個特別的瑜伽之道？

17.如果是某一個特殊的瑜伽之道，它和其他修行之道是什麼關係？爲什麼斯瓦米拉瑪說，所有的療癒系統都包含在《瑜伽經》中？

18.在我們這個學院中所教導的《瑜伽經》，除了梵文文法、學習方法論之外，有何特別之處？

19. 一般將「abhyāsa」 這個字翻譯爲「練習」，它指的是什麼練習？這個字眞正的意義是什麼？

20. 如果有人問你，「你教的是哪一種冥想法門？」你怎麼回答？

21. 第一篇的第21和22經提到了不同程度的修行人，如何將《瑜伽經》劃分爲不同的段落來適合不同程度的修行人？

22. 關於「atha」這個字，

- 它有哪幾種不同的意義？
- 它在《瑜伽經》裡是什麼意義？
- 很多經典都用到「atha」這個字，它在《瑜伽經》和《梵經》（*Brahma Sūtras*）中的意義有何不同？
- 「atha」這個字除了本身的意義之外，它還有什麼作用？

23. 根據威亞薩，「瑜伽」的定義是什麼？

《瑜伽經》概要

（斯瓦米韋達，2004年7月講於美國明尼蘇達州）

學習《瑜伽經》時，應該要由學習印度哲學總論做爲起點。更具體地講，學習「數論」哲學的理論以及專有名詞，是絕對必要的先決條件。在我寫的那本《瑜伽經釋論第一輯》（英文版）中，就有一篇《諦要經》（*Tattva-samāsa-sūtras*）❶的翻譯，以及一篇名爲〈數論瑜伽概論〉（Overview of Sāṅkhya-yoga）❷的短文，可以做爲學習數論的下手處。文中有一個數論分類的圖表，你要記得滾瓜爛熟，還需要能夠將圖表中的分類法和《瑜伽經》第二篇第19經的經文對照去理解。在我那本名爲《神》的書中也有幾張圖表能幫助你了解這些分類。所有這些分類都不難記，但是要把它們弄明白就不容易。

關於那些圖表部分，一個是純粹的數論分類名稱❸，另一個是《瑜伽經》中所對應的名稱❹，這兩者略有不同（譯按，另外有一張「瑜伽經三摩地類型與數論分類綜合對比圖」附在本篇之末）。因爲一個是純粹理論的名稱，另一個是在應用的時候需要用不同層次的表達方式。因此，雖然《瑜伽經》採用了數論的理論體系，但也做了一些改變，是爲了《瑜伽經》應用的目的而有所變更。純數論哲學的目的，只是在解釋不同類別的眞實。爲什麼要解釋？數論哲學說，每個人、每個生靈都遭受到苦厄的逼迫，而為了要了解苦厄，就絕對需要認識我們是由哪些部分所構成的。

《瑜伽經》接受了數論的分類法，將它們應用於修行上，目的是要永久地消除我們對自己本性的無明，而這個無明就是苦。你要記住，這個無明就是苦。這和佛學的理論一致，所以佛學和數論在講到「苦」的時候，所用的詞彙是一樣的。

我現在簡單地把《瑜伽經》的內容做一個摘要。

《瑜伽經》分為四個「篇章」，梵文叫做「pāda」，字面的意義是「足」。而四個「足」，就像椅子有四個腳，分成四份，所以用了「pāda」這個字。四個篇章就是：三摩地篇（Samādhi-pāda）、行門篇（Sādhana-pāda）、必普提篇（Vibhūti-pāda）、獨存篇（Kaivalya-pāda）。

這四個篇章又可以再分段成：三摩地篇全部51經是一節；行門篇分為兩節，第1至27經，以及第28至55經；必普提篇分為兩節，第1至12經，以及第13至55經；獨存篇也分為兩節，第1至14經，以及第15至34經。

另一種分段法是將經文分成純哲理的部分，以及純修練的部分。

還有一種分段法是根據第一篇的第21及22經，也就是將修行人分成三等，完全初學者、中等程度者、高級程度者，適合初學者學習的經文是第二篇的第28至55經，這部分的經文又再細分為「外肢」（bahir-aṅga）以及「內肢」（antar-aṅga）兩個段落。梵文「aṅga」的意思是「部分」、「肢」，例如身體的上肢、下肢。「bahir」的意思是「外」，「antar」的意思是「內」。所以，這些段落是在解釋種種外在的修練法門（共有五個）以及內在的法門（共有三個）。

問題是，外在是在什麼之外，內在是在什麼之內？瑜伽的分類是，從身體外表，到心的表面作用，屬於外在。從心的深層作用，到自我證悟的邊緣地帶，屬於內肢中的第六和第七肢。內肢和外肢總共有八肢，分別是：夜摩（yama）、尼夜摩（niyama）、體式（āsana）、調息（prāṇāyāma）、內攝（prtyāhāra）、專注（dhāraṇā）、禪那（dhyāna）、三摩地（samādhi）。

這八肢功法、八個修行步驟，適合《瑜伽經》初學者的是前五肢，就是五個外肢，是從身體的外表到心的表層，也就是從身體一直到呼吸與心的交接之處。內肢中的第六肢（專注）、第七肢（禪那），以及第八肢（三摩地）的前半，這兩個半肢法是在心內做工夫，合起來是內肢法的前段。至於高級程度的人，要習練的是內肢法的後段，也就是第八肢三摩地的後半部分，到這個地步，工夫已經超越了心的範圍，到了純本我、純覺性、純靈性的自我。

所以，八個肢法可以分爲三個段落：外肢部分，以及兩個內肢部分。第一個段落是外肢部分的夜摩、尼夜摩、體式、調息、內攝。其中內攝法是由呼吸過渡到心的階段。第二個段落是內肢部分中的兩個半肢法，也就是：專注、禪那，以及「有智三摩地」（samprajñāta-samādhi）。在這兩個半肢法中，仍然要用到心地。到了第三個段落，就連心地也放下。所以，三摩地分爲二，前半是有智三摩地，仍然要用到心地，後半是「非智三摩地」（asamprajñāta-samādhi），心地已經被拋下了。

第二篇的第28至55經是在講外肢法，從夜摩一直到內攝。第三篇的第1至12經是在講內肢法，從專注、禪那到三摩地。不過，對三摩地完整的解說則是寫在第一篇中。

瑜伽的定義是什麼？一言以蔽之，就是三摩地。你要記住它。威亞薩在註釋《瑜伽經》時，在第一篇第1經的註釋中寫道：「瑜伽（即）三摩地。」你不可以偏離這個定義，這就是我們這裡訓練出來的老師和其他地方訓練出來的老師不同之處。你對瑜伽的定義不是調息、不是體式，就只是三摩地，其他不過是肢法，是輔助的作用。

所以，初學者要學習的是第二篇的第28至55經，以及接下去的第三篇第1至3經。這是適合初學者的完整法門課程，叫做「八肢瑜伽」（aṣṭāṅga-yoga）由第一階一直到最後第八階的三摩地。

要了解經文，認識其中的術語和概念，就要檢視你如何將它們運用在你的生活中，以及你能做到什麼程度。以八肢瑜伽中的第六肢專注為例，專注是要做到在面臨干擾之際，你的心能不為所動。你們的問題是太容易分心，遇到什麼事就立即反應。你要先檢查，除非處理這件事、處理這個狀況是你的責任，而且是你能夠處理的，否則你不要受它影響，要保持靜定。你的心要保持靜定。

如果你在日常生活中，在一般的情況之下，都無法保持自心的靜定，那麼當你面臨一個憤怒的人，你的心就不能靜定。如果你面臨憤怒的人時，自心無法保持靜定的話，那麼你的心在靜坐時也無法保持靜定。這些都是會相互牽動的。大家都在講要精通、精通、精通。精通就要從這種地方著手。你不要做一個只會教課的老師。你應該要成為一個能教人的老師。

所謂中等程度的人，是說他們前世曾經跟著眞正的瑜伽大師學習，例如在威亞薩這種等級聖人的道院中當過學生，前世已經淨化了自己，長時期從事修行，然而還沒有到精通的程度。《瑜伽經》適合中等程度之人學習的部分叫做「行瑜伽」（kriyā-yoga），是第二篇的第1至27經。其中，第1經定義了什麼構成「行瑜伽」，其他第2至27經是在談有關的理論。

至於高級程度的人則超過了這些初級和中級的修行法門，他已經到了三摩地的階段，到了前半段的三摩地。如何修行到達後半段的三摩地，則是《瑜伽經》第一篇的主要內容。

什麼是「悉地」（siddhi）？悉地是運用自然的力量來操弄物質的能力，如此而已。我們不太談這個題目，因爲我們的目標是三摩地。《瑜伽經》第三篇第16至55經講述了許多種悉地，接下來第四篇的第1至14經則是關於悉地的理論，因此這兩個部分是前後銜接的。第四篇其後的第15至34經是在對「獨存」哲理的解說。《瑜伽經》全篇第一句經說的是「瑜伽」，最後一句經說的是「獨存」。《瑜伽經》的目標是獨存。獨存（kaivalya）的意思是「單獨」（kevala）的狀態，完全的獨立。

很多人研究《瑜伽經》，但是往往忽略了研究每一篇的篇名。這些篇名不是隨意定的，而是在點出每一篇的主旨。我們現在簡單介紹四個篇章的篇名。

一、三摩地篇（Samādhi-pāda）

這是第一篇，內容當然是三摩地。「三摩地」這個字是怎麼來的？它是由兩個字首以及一個動詞所構成，「sam」加「ā」加「dha」，合起來成爲「samādhi」。動詞字根「√dha」的意思是「置放、握持某個東西」。字首「ā」的意思是「由四面八方、全方位、完全」。字首「sam」是「合在一起、聚合、融合」的意思，例如英文的「交響樂」（synphony）、「同情心」（sympathy）都是由「sam」加上英語的發音規則變化而來。所以，「samādhi」就是把散亂在四面八方的、彼此矛盾衝突的，全部置於一處，並且保持在一處。另一個由相同的字首和動詞組合而成的字是「samādhāna」（三摩答那），是「從事於到達三摩地的過程」，另一個意思是「對問題的解答、處於和諧」。

三摩地是瑜伽的定義，是終極的和諧境地。我們的心有千千萬萬個念頭，散亂在千千萬萬個地方，將它們通通保持在一個地方，讓心識成爲和諧狀態，就是三摩地。對於矛盾衝突所引起之問題的終局解決，就是瑜伽，就是和諧，就是合一。這就是爲什麼威亞薩會說，「瑜伽（即）三摩地」，不只是說瑜伽的定義是三摩地，更是強調「瑜伽」和「三摩地」是同義字。

二、行門篇（Sādhana-pāda）

「sādhana」的意思是方法、手段，所以篇名表彰了這一篇是在講述修行的法門、修行的方法。「sādhana」這個字是由動詞字根「√sādh」（施作、加工而成就某事）而來。這個字根衍生出另一個字，長音在字尾的「sādhanā」是指持續密集的修行。

我們都是在從事修行，如此之人稱爲「sādhaka」（修行人、行者）。我們都是修行人，因爲我們遵循一定的法門、方法，從事持續而密集的修行。遵循修行的方法所得到的成就，叫做「siddhi」（悉地）。專一於刻苦修行，捨離其他一切世事活動，雲遊四方之人叫做「sādhu」（苦行者）。

這個字還有另一個意思，是個讚歎詞，我們對某人的言行表示讚歎時，不是用拍手而是連聲說「sadhu! sadhu!」（善哉！善哉！）。修行有成就的大師、高人被稱爲「siddha」。這幾個字都是由同一個字根「√sādh」而來。

所以，第二篇叫做「行門篇」，是說作爲一名修行人，你可以依照裡面介紹的法門從事修行，希望能夠有所成就因而被稱爲是一位大師高人。

三、必普提篇（Vibhūti-pāda）

「Vibhūti」（必普提）這個字出自於遠古的《吠陀》，其中提到一火有多焰，一個太陽能照亮所有不同的山峰和谷地。由「一」成爲「多」的時候，「多」就是「一」的必普提。「Vibhūti」也常被翻譯爲光華，所以我們都是神的必普提。在《薄伽梵歌》中，神主奎師那向王子阿朱那展現出祂的必普提，光明如千萬個太陽，讀那個章節，就會明白必普提是什麼意思。

《瑜伽經》第三篇是在講「悉地」，而必普提是《瑜伽經》用來表示悉地的主要字眼，是由同一個火所冒出來的許多火花。那個火就是心識中的覺性之火，是覺性展現在心地中。

四、獨存篇（Kaivalya-pāda）

是誰成爲獨存？之前，本我和原物是伴侶。當本我離開了原物，將物質捨棄了，不再和原物有任何交涉，成爲單獨的狀態，那就是獨存，成爲「唯一」，「唯」而且「一」。

這是簡單地對四個篇名的介紹。如果你無法精通《瑜伽經》的話，請你務必精通兩件事。

第一，放鬆你的額頭。這能解決你所有心理的問題，解決所有精神上的問題。我可沒有誇張。假如你們去做這方面的實驗，對比研究會發現在同樣的外在刺激下，只是簡單地放鬆額頭就能夠導致腦中許多區域的狀態變得不同。

第二，精通呼吸之間的停頓。有意識地讓你的呼氣和吸氣之間不要出現停頓。斯瓦米拉瑪老是告訴我們，你在靜坐時保持平順的呼吸，心中不起一絲雜念，呼與吸之間不停頓。你只要能連續如此十二次呼吸，就是一個很大的突破。目前你們都還只是在學習如何進入專注於呼吸，沒有進入禪那的階段。要做好專注呼吸就是第一篇第34經所講的呼吸法，那是最上乘的呼吸法門。你要學會這個呼吸方法，能連續十二次呼吸不出現停頓，心中不起雜念，那你才算是開始進入所謂的禪那，那才是真正開始在冥想。

現在，就放鬆你的額頭。

覺知那純粹的存在。ātma-tattva-avalokanam，如實觀自性，就只覺知存在，沒有任何定義你的姓名、形像、身體結構、頭銜。

三摩地，把你所有分散的部分、各個方面都聚合起來，合成一個單一的覺性之場。

然後，感覺呼吸之流，觀察呼吸者、呼吸的過程以及你的咒語。呼吸之間沒有停頓。除了咒語，沒有別的念頭進來。

繼續保持對這股流的覺知，輕輕睜開你的眼睛。

願神祝福大家。

譯註：

❶斯瓦米韋達對《諦要經》的介紹是：《諦要經》是非常古老的典籍，據說是由數論哲學的創始人迦毗羅（Kapila）傳給他的弟子阿修力（Āsuri）。換言之，《諦要經》是數論哲學體系中第一份成文典籍，所表述的是數論的分類法以及數論要義。

❷中譯的概要，請參閱斯瓦米韋達所著的《瑜伽經白話講解：三摩地篇》之「附錄1：數論哲學概要」。

❸見《瑜伽經白話講解：三摩地篇》之「附錄1：數論哲學概要」，頁272。

❹見《瑜伽經白話講解：三摩地篇》之「附錄1：數論哲學概要」，頁267。

瑜伽經三摩地類型與數論分類綜合對比圖

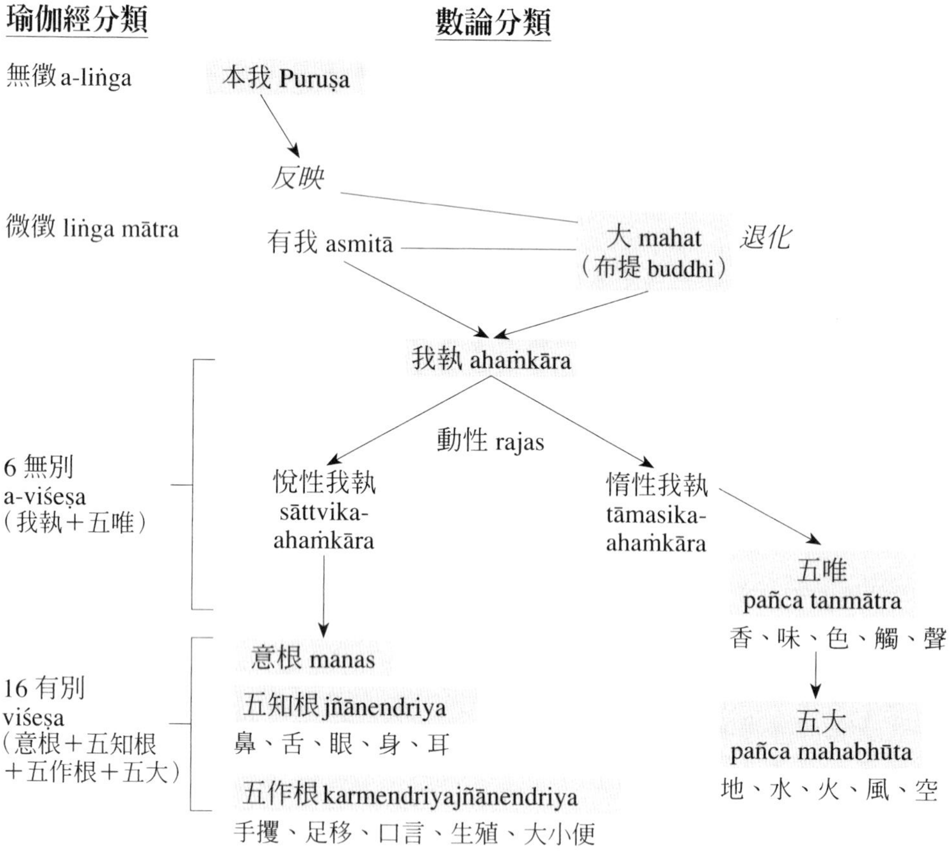
瑜伽經分類
數論分類
無徵a-liṅga
本我 Puruṣa
反映
微徵 liṅga mātra
有我 asmitā
大 mahat
（布提 buddhi）
退化
我執 ahaṁkāra
動性 rajas
6 無別
a-viśeṣa
（我執＋五唯）
悅性我執
sāttvika-
ahaṁkāra
惰性我執
tāmasika-
ahaṁkāra
五唯
pañca tanmātra
香、味、色、觸、聲
16 有別
viśeṣa
（意根＋五知根
＋五作根＋五大）
意根 manas
五知根 jñānendriya
鼻、舌、眼、身、耳
五作根 karmendriyajñānendriya
手攫、足移、口言、生殖、大小便
五大
pañca mahabhūta
地、水、火、風、空

三摩地所專注之對象	三摩地類型（三摩鉢地）
原物 Prakṛti	
能執（執取者） grahītṛ	有我（無伺三摩鉢地） asmitā
執具（執取工具） grahaṇa	有樂（無伺三摩鉢地） ānanda
所執（執取對象） grāhya	伺（有伺、無伺三摩鉢地） vicāra
所執 grāhya	尋（有尋、無尋三摩鉢地） vitarka

國家圖書館出版品預行編目(CIP)資料

瑜伽經白話講解・獨存篇 / 斯瓦米韋達・帕若堤
(Swami Veda Bharati)著；石宏譯. — 初版. — 臺北
市：橡實文化出版：大雁出版基地發行, 2020.10
256面；22×17公分. -- (觀自在；BA1045)
ISBN 978-986-5401-40-5（平裝）

1. 瑜伽

137.84 109013125

觀自在BA1045

瑜伽經白話講解・獨存篇

（瑜伽大師斯瓦米韋達梵文原音經文誦讀線上聽）

作　　者　斯瓦米韋達・帕若堤（Swami Veda Bharati）
　　　　　第11～24句經梵文朗讀　Pandit Priyadarshan (Pierre Lefebvre)
譯　　者　石宏
責任編輯　于芝峰
協力編輯　洪禎璐
內頁構成　宸遠彩藝
封面設計　陳慧洺

發 行 人　蘇拾平
總 編 輯　于芝峰
副總編輯　田哲榮
業務發行　王綬晨、邱紹溢
行銷企劃　陳詩婷
出　　版　橡實文化 ACORN Publishing
　　　　　臺北市10544松山區復興北路333號11樓之4
　　　　　電話：（02）2718-2001　傳真：（02）2719-1308
　　　　　網址：www.acornbooks.com.tw
　　　　　E-mail信箱：acorn@andbooks.com.tw

發　　行　大雁出版基地
　　　　　臺北市10544松山區復興北路333號11樓之4
　　　　　電話：（02）2718-2001　傳真：（02）2718-1258
　　　　　讀者服務信箱：andbooks@andbooks.com.tw
　　　　　劃撥帳號：19983379　戶名：大雁文化事業股份有限公司

印　　刷　中原造像股份有限公司
初版一刷　2020年10月
初版二刷　2022年 7 月
定　　價　420元
I S B N　978-986-5401-40-5

本書由作者委託台灣喜馬拉雅瑜珈靜心協會授權出版發行